니체의
교양

니체의
교양

1판 1쇄 발행 2020년 10월 21일

지은이 니체
엮고 옮긴이 오세림, 엄인정
펴낸이 이재호
기획 이재호
편집 생각뿔 편집부

발행처 생각뿔
주소 서울특별시 중랑구 동일로91가길 34, 201호
등록 제 2020-27호
e-mail tubook@naver.com
ISBN 979-11-89503-78-9(03100)

생각뿔은 '생각(Thinking)'과 '뿔(Unicorn)'의 합성어입니다.
신화 속 유니콘의 신성함과 메마르지 않는 창의성을 추구합니다.

생각뿔

Friedrich Nietzsche
1844~1900

MEIN·LEID·VND·MEIN·MITLEIDEN·!
WAS·LIEGT·DARAN·!
TRACHTE·ICH·DENN·NACH·GLVECKE·?

〈역자 서문〉

지금 여기서 니체와 다시 만난다는 것

▶ 살아가면서 니체라는 철학자에 대해 단 한 번도 들어본 적이 없는 사람은 드물 것이다. 교과서에서, 신문의 한 귀퉁이에서, 대중문화 속에서, 인터넷의 명언 모음집에서 우리는 쉽게 니체라는 이름을 보고, 듣고, 접하고 있다. '초인(Übermensch)'이나 차라투스트라 같은 니체의 사상 속 개념들도 철학책이라곤 펼쳐본 일이 없는 이들에게까지 꽤 익숙한 울림으로 다가올 정도다. 니체만큼 대중들과 가까운 사상가가 없을 것이라 해도 과언은 아닐 것이다.

다만 우리가 알고 있는 니체는 과연 어떤 니체일까? 우리는 그에 대해 제대로 알고 있는 것일까? 사람들은 대체 니체에게서 무엇을 찾고자 하는 것일까? 인터넷에서 니체라는 이름을 검색해 보면 가장 먼저 따라붙는 말이 바로 '명언'이다. 니체의 말에는 힘이 있다. 니체라는 이름엔 권위가 있다. 니체가 남긴 말 몇 마디를 외워 읊는 것만으로도 다른 이들에게 깊은 인상을 남길 수 있다. 그러니 사람들은 니체를 찾고,

그의 명언을 찾아 헤맨다. 다른 나라에서도 크게 상황은 다르지 않다. 예나 지금이나 마찬가지다. 그의 사상은 본인의 의도와는 다르게 독일 역사상 가장 큰 오점을 남긴 히틀러에게 철저히 이용당하기도 했다.

한편, 누군가 니체의 명언을 줄줄 읊고 있을 때 다른 누군가는 니체를 통렬히 비판하기도 한다. 그가 남긴 말들은 읽는 이의 시각에 따라 인종차별적, 여성혐오적, 엘리트주의적 사상을 담고 있는 것처럼 느껴질 수도 있다. 『안티크리스트』 등을 통해 기독교를 강하게 비판했던 니체를 아니꼽게 바라보는 시선 역시 존재한다. 니체의 사상에는 문제가 없다 하더라도, 그가 현대사에 부정적인 영향을 미쳤다고 보는 이도 있을 수 있다. 여동생 엘리자베스의 취사 선택에 따른 결과라고는 하나 초인을 위시한 그의 사상들이 나치의 사상적 토대로 이용됐다는 사실엔 변함이 없다.

결국, 판단은 자신의 몫이다. 그러나 한 가지 확실한 것은, 니체라는 사상가가 이 시대에 막대한 영향을 끼쳤다는 사실이다. 니체 이후에 등장한 사상가 중 그의 영향을 전혀 받지 않았다고 말할 수 있는 사람이 과연 있을까? 니체 없이 생겨날 수 없었던 수많은 사상과 문학, 예술이 없는 지금을 상상하기란 불가능하다. 니체의 사상으로 쌓아 올린 '현대'라는 구조물 위에 우리는 서있다. 결과물이 마음에 들든 들지 않든, 지금 우리가 살아가고 있는 이 시대를 제대로 읽어내기 위해서는 니체를 읽어야만 한다.

그러나 아무런 배경 지식 없이 그의 사상을 읽어내기란 너무나도 어렵다. 니체의 세계는 종교부터 시작해 철학, 역사, 문학, 신화, 예술에 이르기까지 다양한 분야를 망라하고 있다. 니체에 대해 알고 싶어도, 대체 어디부터 발을 들여놓아야 할지 망설여지는 이들도 많을 것이다. 이 책은 넓고도 복잡한 니체의 세계를 살짝이나마 들여다볼 수 있도록 그의 사상을 주제별로 정리해 소개하고 있다. 예술이란 무엇이며 어떤 존재여야 하는지에 대한 니체의 해석이 돋보이는 『비극의 탄생』부터 수많은 격언을 통해 삶과 인간, 그 너머의 가치들에 대해 전하는 『인간적인, 너무나 인간적인』, 그의 후기 사상을 집대성한 역작 『차라투스트라는 이렇게 말했다』까지 주요 저작 중 곱씹어볼 만한 말들을 모았다. 주요 문장에는 원문을 함께 제공해 니체가 남긴 말과 사상을 더욱 깊이 음미할 수 있도록 했다. 인간, 삶과 죽음, 우정과 사랑, 도덕, 진리, 정의에 대해 니체가 남긴 말들을 차근차근 읽어나가다 보면, 지금 이 순간 니체의 말들을 읽어야만 하는 자신만의 이유를 찾아낼 수 있을 것이다.

오세림, 엄인정

차례

Part 8 | 니체가 '결혼과 부모가 된다는 것'에 관해 말하다 219

Part 9 | 니체가 '선악과 도덕적 가치들'에 관해 말하다 243

Part 10 | 니체가 '삶과 죽음'에 관해 말하다 273

〈'니체의 교양' 구성과 특징〉

❶ 니체의 사상에 관한 내용 이해를 돕기 위해 '다양한 이미지 자료'를 삽입했다.

❷ 각 Part가 시작될 때마다 해당 Part 주제에 관한 '상세한 해설'을 덧붙였다.

❸ 각 Part 뒤에는 해당 Part에 소개된 여러 내용 가운데 '중요한 문장'을 다시 한번 발췌해 요약 · 정리했다.

❹ 본문의 번호 위에는 전부 'check 박스'를 넣어 해당 구절을 읽거나 학습한 후 표시할 수 있도록 했다.

❺ 본문 가운데 더 주의 깊게 읽어야 하거나 주목해야 할 중요한 구절에는 소제목 오른쪽에 'save 표시'를 추가했다.

❻ 본문 가운데 일부 문장이나 전체 문장은 하단에 '독일어 원문'도 함께 수록했다.

❼ 각 Part에 들어간 해설이나 본문에는 핵심 용어나 개념을 중심으로 '해시태그'를 추가했다.

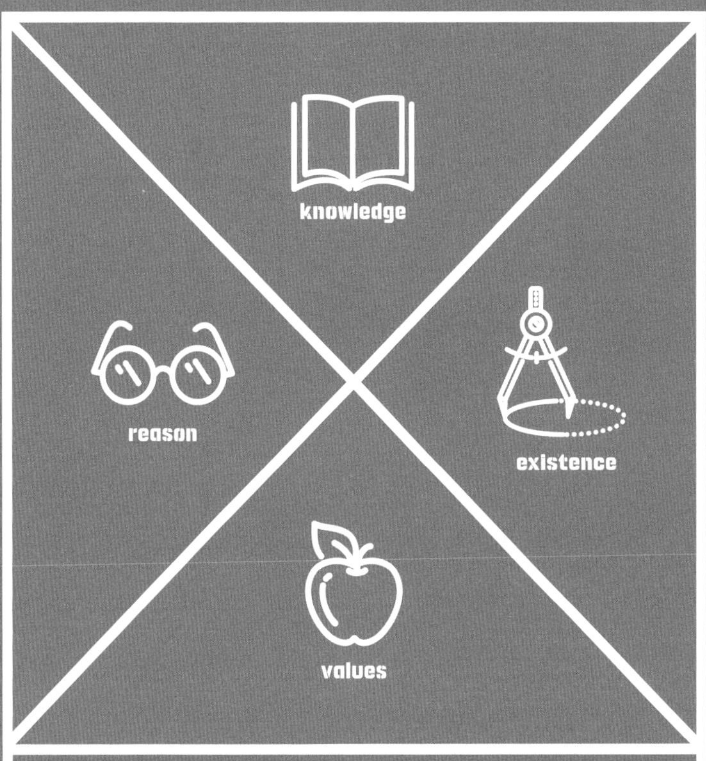

Part 1

니체가 '인간이라는 존재'에 관해 말하다

인간 자신의 한계를 기꺼이 극복하고 새로운 가치체계를 창조하기 위해 니체가 제시한 인간상 '초인'

#인간의 이상향 #초인 #위버멘쉬 #가치체계 창조 #실천과 가르침

#차라투스트라 #『차라투스트라는 이렇게 말했다』 #넘어섬 #어린아이

▶ 니체의 사상적 개념 중 가장 유명한 것이 바로 '초인(위버멘쉬, Übermensch)'일 것이다. 그러나 니체가 말하는 초인이란, 일반적으로 이 단어를 들었을 때 떠오르는 이미지, 즉 '초인적인 힘을 발휘했다'라고 할 때의 '초인'과는 또 다른 개념이다. 해당 개념을 영어로 어떻게 설명하고 있는지를 보면 조금 더 이해하기 쉬울 것이다. 한때 영어로 초인을 'Superman'으로 번역했다고 한다. 그러나 니체의 '초인'과 슈퍼맨이라는 말이 주는 어감 사이엔 큰 괴리감이 느껴진다. 니체의 초인은 단순히 남들보다 우월한(Superior) 존재는 아니다. 니체가 제시한 모든 인간의 이상향이, 인간 이상의 힘으로 악당을 물리치는 '슈퍼맨'이 아니리란 사실은 자명하다. 영어권에서는 이런 비판적 흐름에 힘입어 'Overman' 등의 새로운 번역어가 등장하게 됐다. 우리나라에서는 니체 사상에 오해를 불러일으킬 소지가 있는 '초인'이라는 표현 대신 '위버멘쉬'라는 음차어를 사용하기도 한다.

니체가 제시하는 인간상인 초인은 종교나 도덕 기준 같은 모든 기존의 가치체계를 '넘어서는' 존재다. 인간의 한계를 기꺼이 극복하고 새로운 가치체계를 창조해내는 인물, 또한 초인은 다른 이들 역시 초인이 될 수 있도록 실천하고 가르치는 존재. 이것이 바로 초인인 것이다. 『차라투스트라는 이렇게 말했다』에서 차라투스트라는 이렇게 묻는다. "나는 너희에게 초인을 가르칠 것이다. 인간이란 넘어서야 할 무언가다. 너희는 스스로를 넘어서기 위해 무엇을 했는가?" 차라투스트라는 또한 '초인'에 가까운 존재로 아이를 언급하며 이와 같이 말한다. "이제 정신은 자신의 의지를 원하고, 세계를 잃은 자는 자신의 세계를 되찾는다." 이 말을 곱씹어 보면 '초인'으로 향하는 길이 조금은 보일 것이다.

▲ '초인'은 니체의 사상적 개념 중 가장 유명하다. 니체의 이상향이자 인간이 목표로 해야 하는 정점에 다다른 존재가 바로 초인이다. 초인은 종교나 도덕 기준 같은 가치체계를 넘어서는 존재다.

▲ '니체의 세계'는 종교부터 시작해 철학, 역사, 문학, 신화, 예술에 이르기까지 다양한 분야를 아우른다. 이러한 니체와 그의 사상은 현 시대에 막대한 영향을 끼친다. 니체 이후에 등장한 사상가 가운데 그의 영향을 전혀 받지 않은 사람이 없을 정도다.

▶ 바깥으로 방출되지 않는 모든 본능은 안으로 향한다. 나는 이것을 '인간의 내면화'라고 부른다. 이를 통해 이후 '영혼'이라고 불리는 것이 인간에게서 자라나게 된다. 원래 두 피부 사이에 끼어 있는 듯 얇았던 이 모든 내면세계는 인간 본능이 바깥으로 방출되지 못하게 되면서 자라고 팽창해 더 깊고, 넓고, 높아졌다.

● 『도덕의 계보학』

Alle Instinkte, welche sich nicht nach Aussen entladen, wenden sich nach Innen.

▶ 공포란 우리에게 있어 예외적이다. 하지만 용기, 모험, 알 수 없는 것에 도전하는 기쁨, 즉 용기는 모든 인간 역사와 같다. 인간은 가장 야생적이고 용감한 동물들을 질투해 그들의 모든 덕을 빼앗았다. 비로소 그렇게 인간은 인간이 되었다. 이 용기, 마침내 정제되었으며 영적이고 정신적인 것이 된 이 인간의 용기. 독수리의 날개와 뱀의 지혜를 지닌 용기. 생각하건대, 오늘날 이것이 이렇게 불린다. "차라투스트라!" 함께 앉아 있던 모든 이들이 크게 웃으며 한 목소리로 외쳤다.

● 『차라투스트라는 이렇게 말했다』

So erst wurde er — zum Menschen.

check

□

001

'나'에게서 가장 먼 존재

Das fernste Wesen von mir

#자아 #이해 #이방인 #인간은 자기 자신에게 가장 먼 존재

▶ 우리는 필연적으로 스스로에게 이방인이다. 우리는 스스로를 이해하지 못하고, 자기 자신을 혼동할 수밖에 없다. (…) "모든 사람은 자기 자신에게서 가장 먼 존재다." 우리는 스스로에게 있어서 '식자(識者)'가 아니다.

Wir bleiben uns eben nothwendig fremd.

●『도덕의 계보학』

'철학자들의 철학자'로 불리며 니체뿐만 아니라 19세기 독일의 철학자 헤겔(Wilhelm Friedrich Hegel, 1770-1831), 20세기 실존주의 철학자 칼 야스퍼스(Karl Jaspers, 1883-1969) 등 수많은 사상가들에게 영향을 미친 고대 그리스의 철학자 소크라테스(Socrates, BC 469?-BC 399)의 "너 자신을 알라(gnothi seauton)."라는 격언이 떠오르는 구절이다.

▲ 소크라테스

고대 그리스 철학은 소크라테스 이전과 이후로 나뉠 만큼 서양 철학사에서 소크라테스가 갖는 의미는 특별하다. 니체는 합리주의 철학을 대변하는 소크라테스의 사상이 지극히 단편적이라며 합리성을 뛰어넘어야 한다고 비판하면서도 소크라테스의 합리성에서 철학을 뛰어넘는 예술로 나아갈 수 있는 가능성을 보았기에 그의 사상을 부정하지 않았다. '스스로의 무지에 대한 자각'과 질문을 던지는 '문답법'을 통해 끊임없이 내면의 탐구를 시도하던 소크라테스의 사상은 현실에 안주하기를 거부하며 스스로를 단련하며 정진하던 니체가 추구하던 것과 크게 다르지 않았던 것이다. "너 자신을 알라."라는, 현재까지도 회자되는 명언을 남긴 당대 최고의 현인(賢人)이라 불리던 소크라테스조차도 정작 자신은 "아무것도 모른다."라고 하지 않았던가. 니체의 말처럼, 우리는 자신에게 있어 스스로를 이해하지 못하는 이방인이기에 때때로 타인의 시선을 통해 진정한 내 모습을 발견하기도 한다. 이렇듯 나 자신을 아는 것은 그만큼 어려운 일이며, 전 생애에 걸쳐 끝없이 생각하고 고민해야 할 과제인 것이다.

check

□

002

'나'는 누구인가

Wer bin ich

save

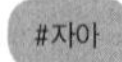

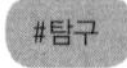

#'나'를 모르는 이유

▶ 우리는 자신을 모른다. 식자(識者)들 역시 스스로가 어떤 사람인지 모른다. 이것에는 충분한 이유가 있다. 우리는 스스로에 대해 탐구해 본 적이 없기 때문이다. 우리가 어떻게 어느 날 우리 스스로를 발견할 수 있다는 말인가?

Wir haben nie nach uns gesucht.

●『도덕의 계보학』

check

□

003

세상에서 가장 추악한 곳

Etwas wollen und wieder wollen

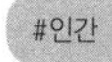 #인간  #악 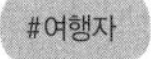 #여행자 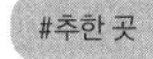 #추한 곳

▶ 많은 곳을 여행한 사람이 인간의 모습보다 더 추한 곳을 세계 어디에서 찾아낼 수 있었을까. 그것이 의문이다.

Es ist zu bezweifeln, ob ein Vielgereister irgendwo in der Welt hässlichere Gegenden gefunden hat, als im menschlichen Gesichte.

● 『도덕의 계보학』

check

□

004

영혼의 호두까기

Nusskacker der Seele

save

#영혼 #자기 이해 #오만

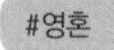

▶ 오만은 자기 자신에 대한 우리의 태도다. 우리는 자신에게 어떤 동물에게도 허가되지 않을 실험을 행하고, 기꺼이 또 궁금해하며 살아 있는 육체 안에 담긴 영혼을 해부하기 때문이다.

(…)

오늘날에는 병을 가져다주는 사람이 그 어떤 의사나 소위 '구원자'보다 우리에게 필요할지도 모른다. 우리는 이제 스스로를 폭행하고 있고, 의심할 여지없이 영혼의 호두까기가 되었다. 우리는 인생이 호두를 까는 것과 별반 다를 바 없다는 듯 묻고 의심한다.

Wir Fragenden und Fragwürdigen, wie als ob Leben nichts Anderes sei, als Nüsseknacken.

● 『도덕의 계보학』

check

□

005

인간에 대한 참된 문제

Die wahre Frage über den Menschen

#인간 #약속 #역설적 임무

▶ 무언가를 약속할 수 있는 동물을 기른다는 것. 이것이 자연이 인간에게 제시한 역설적인 임무 그 자체가 아닐까? 이것이야말로 인간에 대한 참된 문제가 아닐까? 이 문제가 높은 수준에서 해결되었다는 것은 반대되는 힘, 즉 망각을 온전히 받아들이는 이에게는 더욱 놀랍게 나타날 것이다.

Ist es nicht das eigentliche Problem vom Mensc hen?

● 『도덕의 계보학』

check

□

006

무언가를 원하고 원하다

Etwas wollen und wieder wollen

save

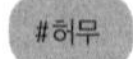 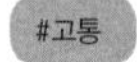 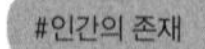

#허무 #고통 #인간의 존재

▶ 지금까지 인간들에게 퍼져 있었던 저주는 고통 그 자체가 아니라 오히려 고통의 무의미함이었다. (…) 내가 처음 말했던 것을 결론적으로 다시 한번 말하자면 이러하다. 인간은 아무것도 원하지 않느니 차라리 허무를 원했던 것이다.

Lieber will noch der Mensch das Nichts wollen, als nicht wollen.

● 『도덕의 계보학』

니체를 니힐리즘(nihilism), 즉 허무주의를 추구하는 사상가라고 보는 견해가 있다. 니힐리즘의 어원은 라틴어의 니힐(nihil)로서 '무(無)'

를 의미한다. 고대에는 아무것도 존재하지 않기에 그 무엇도 믿지 않는 사람들을 니힐리스트(nihilist)라 불렀다. 그러나 현대에 와서 니힐리즘은 절대적인 진리나 가치를 부정하는 개념으로 그 의미가 변용되어 사용되기도 한다. 당대의 전통적인 가치를 부정하고 그리스도적 가치관에 반기를 든 니체를 니힐리스트라 보는 것도 일면 타당해 보이지만, 깊이 들어가 보면 완전한 니힐리스트라 단정할 수 없다. 니체는 삶에 대한 권태나 허무감을 호소하는 대신 누구보다 역동적이고 주체적인 삶을 영위하고자 부단히 노력했기 때문이다. 니체는 인간에게 주어진 고통 또한 불행이라 여기지 않고 그 고통에서 의미를 찾을 수 없는 것을 저주이자 불행으로 보았다. 삶에서 의미를 찾을 수 없다면 그보다 불행한 저주가 어디 있겠는가. 이렇듯 니체는 인생의 희로애락을 온몸으로 받아들이며 그것에서 의미를 발견했다. 인생에서 의미를 찾고자 하는 사람들은 고통 속에서도, 또 매일 마주하는 아침 햇살과 길가의 풀 한 포기 같은 사소하고 소소한 일상 속에서도 가치를 발견할 수 있는 것이다. 중요한 것은 늘 깨어 있고 열려 있는 마음이다.

▲ '니힐리즘'은 러시아의 소설가 이반 투르게네프의 작품인 『아버지와 아들』을 통해 소개되면서 널리 알려진다.

check

□

007

안으로 향하는 본능

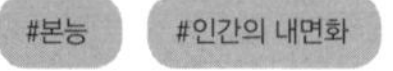

▶ 바깥으로 방출되지 않는 모든 본능은 안으로 향한다. 나는 이것을 '인간의 내면화'라고 부른다. 이를 통해 이후 '영혼'이라고 불리는 것이 인간에게서 자라나게 된다. 원래 두 피부 사이에 끼어 있는 듯 얇았던 이 모든 내면세계는 인간 본능이 바깥으로 방출되지 못하게 되면서 자라고 팽창해 더 깊고, 넓고, 높아졌다.

Alle Instinkte, welche sich nicht nach Aussen entladen, wenden sich nach Innen.

● 『도덕의 계보학』

check

□

008

혼자 살아가기 위해

save

Um alleine zu überleben

 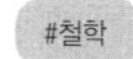

#삶 #철학 #아리스토텔레스

▶ 아리스토텔레스는 인간은 혼자 살아가기 위해 동물이거나 신이어야만 한다고 말한다. 여기에는 세 번째 경우가 빠졌다. 인간은 동물과 신 둘 다가 되어야 한다. 이것이 바로 '철학자'인 것이다…….

Fehlt der dritte Fall: man muss Beides sein — Philosoph.......

● 『우상의 황혼』

check

□

009

비로소 인간이 되다

Erstmalig ein Mensch werden

#용기 #인간의 역사 #차라투스트라

▶ 공포란 우리에게 있어 예외적이다. 하지만 용기, 모험, 알 수 없는 것에 도전하는 기쁨, 즉 용기는 모든 인간 역사와 같다. 인간은 가장 야생적이고 용감한 동물들을 질투해 그들의 모든 덕을 빼앗았다. 비로소 그렇게 인간은 인간이 되었다. 이 용기, 마침내 정제되었으며 영적이고 정신적인 것이 된 이 인간의 용기. 독수리의 날개와 뱀의 지혜를 지닌 용기. 생각하건대, 오늘날 이것이 이렇게 불린다. "차라투스트라!" 함께 앉아 있던 모든 이들이 크게 웃으며 한 목소리로 외쳤다.

So erst wurde er — zum Menschen.

● 『차라투스트라는 이렇게 말했다』

check

□

010

성격에 관한 오해

Das Missverständnis über Charakter

save

#인간 #성격 #가변성 #잘못된 주장

▶ 엄밀히 따지면, 성격이 변하지 않는다는 말은 사실이 아니다. 8만 년을 산 사람이 있다고 가정해 보자. 그는 완전히 가변적인 성격 역시 지니고 있을지도 모른다. 그에게서는 수많은 다른 인격이 점차 발달할 것이다. 인간의 수명이 너무나 짧다 보니, 인간의 성격에 대한 잘못된 주장들이 나온다.

Die Kürze des menschlichen Lebens verleitet zu manchen irrthümlichen Behauptungen über die Eigenschaften des Menschen.

● 『인간적인, 너무나 인간적인』

check

□

011

넘어서야 한다

Muss übergehen

#차라투스트라 #초인 #인간 #넘어서다

▶ 차라투스트라는 사람들에게 말했다.

"나는 너희에게 초인을 가르칠 것이다. 인간이란 넘어서야 할 무언가다. 너희는 스스로를 넘어서기 위해 무엇을 했는가?"

Ich lehre euch den Übermenschen.

● 『차라투스트라는 이렇게 말했다』

니체가 추구하는 핵심 사상 중 하나는 '초인(超人)'이다. 말 그대로 초월하는 자, 넘어서는 자를 일컫는 말이다. 서문에서 언급했듯 니체가 말하는 초인은 전지전능한 'superman'이라기보다는 'overman', 즉 넘어서는 자를 의미한다. 끊임없는 단련을 통해 자기 자신을 극복한

사람을 초인, 위버멘쉬(Übermensch)라 본 것이다. 이렇듯 초인은 선천적인 재능을 지닌 사람이 아니다. 부단한 노력으로 변화를 추구하며 마침내 스스로를 넘어선 사람인 것이다. 니체가 바라는 가장 궁극적인 인간상이 바로 초인이었기에 그는 창조적인 변화를 추구하는 초인의 삶을 지향했다. 이는 그 어떤 것도 추구하지 않는 '무(無)'의 세계를 지향하는 니힐리즘과 상치되는 것이기에 이것이 바로 니체를 니힐리스트라 단정할 수 없는 이유이기도 하다. 현실에 안주하며 도전을 두려워하는 현대인들에게 경각심을 주는 니체의 초인 사상은 오늘날 우리에게 더 없이 필요한 가르침이다.

check

□

012

짐승으로서의 인간

Mensch als Tier

save

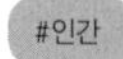

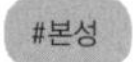

#인간 #본성 #가장 실패한 짐승 #흥미로움

▶ 인류는 상대적인 측면에서 가장 실패한 짐승이며, 가장 병적이고 스스로의 본성에서 가장 위험하게 멀어져 있는 존재다. 물론 그럼에도 가장 흥미롭기도 하다!

Freilich, mit alle dem, auch das interessanteste!

● 『안티크리스트』

check

□

초인은 없었다

Es gab keinen Übermensch

save

#초인 #인간적 #자유를 위하여

▶ 형제들이여, 자유로 향하는 길을 찾기 원한다면, 모든 구원자보다 더 위대한 이에게 구원받아야 한다.

초인은 단 한 명도 존재하지 않았다. 나는 가장 큰 자와 가장 작은 자 모두의 나체를 보았다.

그들은 서로 너무나 닮았다. 진실로, 가장 위대한 자조차도 너무나 인간적이었다!

Wahrlich, auch den Grössten fand ich — allzumenschlich!

● 『차라투스트라는 이렇게 말했다』

check

□

014

인간, 건너가는 자

Der Mensch, der hinübergeht

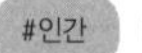

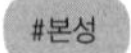

#건너가는 존재
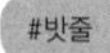

▶ 인간은 짐승과 초인 사이에 놓인 밧줄, 즉 심연 위에 걸린 밧줄이다. 저 너머로 건너가는 것도, 건너가는 길 위에 있는 것도, 뒤돌아보는 것도, 벌벌 떨고 있는 것도, 멈춰 서는 것도 위험하다. 인간이 위대한 것은 그가 다리(bridge)일 뿐 목적이 아니기 때문이다. 인간을 사랑스럽게 만드는 점은 그가 건너가는 존재이며 가라앉는 존재라는 데 있다.

나는 사랑한다. 가라앉는 자로만 살아가는 자를. 왜냐하면 그는 저 너머로 건너가는 자이기 때문이다.

Der Mensch ist ein Seil, geknüpft zwischen Thier und Übermensch, — ein Seil über einem Abgrunde.

● 『차라투스트라는 이렇게 말했다』

짐승보다 진화된 그러나 여전히 초인이라 불리기엔 부족한, 인간이라는 불완전한 존재, 니체는 이러한 인간의 불완전함을 인정하며 있는 그대로의 모습을 사랑했다. 니체는 완전하지 않기에 늘 방황하며 길을 헤매고 때론 좌절하며 침잠하는 자, 그것이 인간이란 존재의 참모습이라고 말한다. 시행착오를 거듭하며 그 안에서 배우고 깨닫는 자, 인생의 환희와 고통을 온몸으로 기꺼이 받아들이는 자, 결코 멈추지 않는 자, 니체가 말하는 '건너가는 자'는 곧 움직이는 자, 즉 역동적으로 실행하는 사람일 것이다. 니체는 불완전한 모습이지만 끊임없이 생각하고 그 생각한 바를 실천하는 인간의 모습을 사랑한 것이다. 이렇듯 '건너가는 자' 역시 니체가 추구했던 초인의 또 다른 이름인 것이다.

check □

니체가 '인간이라는 존재'에 관해 말을 전하다

❶ 우리는 자신을 모른다.

❷ 식자(識者)들 역시 스스로가 어떤 사람인지 모른다.

❸ 우리는 스스로에 대해 탐구해 본 적이 없기 때문이다.

❹ 우리는 필연적으로 스스로에게 이방인이다.

❺ 우리는 스스로를 이해하지 못하고, 자기 자신을 혼동할 수밖에 없다.

❻ "모든 사람은 자기 자신에게서 가장 먼 존재다."

❼ 우리는 스스로에게 있어서 '식자(識者)'가 아니다.

❽ 인간이란 넘어서야 할 무언가다.

❾ 너희는 스스로를 넘어서기 위해 무엇을 했는가?

Part 2

니체가 '인간의 행동'에 관해 말하다

쇼펜하우어와 바그너의 사상을 만나 젊은 철학자의 자의식이 자라나다

#라이프치히 대학 #신학과 고대철학 #스위스 바젤 대학교 #『비극의 탄생』 #『반시대적 고찰』 #『인간적인, 너무나 인간적인』 #쇼펜하우어 #음악가 바그너

▶ 프리드리히 빌헬름 니체(Friedrich Wilhelm Nietzsche)는 1844년 10월 15일 프로이센 왕국(독일) 작센 지방의 작은 마을 뢰켄(Röcken)에서 태어났다. 목사였던 그의 아버지는 1849년, 니체가 아직 어린아이일 때 세상을 떠났으며 남동생 요셉 역시 이듬해 세상을 떠났다. 니체는 어머니, 여동생과 함께 할머니와 두 고모가 살고 있던 나움부르크(Naumburg)로 이주해 여자들 사이의 유일한 남자아이로 자랐다. 소년학교와 김나지움을 거쳐 본 대학에서 신학과 고대철학을 공부하게 된 니체는 신학 공부를 완전히 포기하고, 라이프치히 대학 등에서 철학과 고전 등의 공부를 이어나갔다. 그는 1869년부터 스위스 바젤 대학교에서 교수로 재직하며 고전 문헌에 대해 강의했으며, 1879년 교수직을 내려놓을 때까지 『비극의 탄생』, 『반시대적 고찰』, 『인간적인, 너무나 인간적인』 등 많은 저서를 남겼다.

이 기간 동안 니체는 많은 인물들과 교류하며 스스로의 사상을 정립해 나갔다. 철학자 쇼펜하우어(Arthur Schopenhauer)의 사상을 접한 후 그의 영향을 받았으며, 음악가 바그너(Wilhelm Richard Wagner)와 만나 그의 음악과 사상에 경도되기도 했다. 니체는 이들의 영향을 받은 저서를 내놓기도 했지만, 점차 그들의 사상에서 멀어져 갔다. 특히 기독교적이고 국수주의적 색채를 띠기 시작한 바그너와는 완전히 결별해 추후 그를 비판하는 저서를 내놓기도 했다. 이렇듯 니체의 삶은 학문에의 열정으로 가득한 나날이었다. 이 무렵의 니체는 많은 대중적 주목을 받지는 못했으나, 그는 고대 그리스부터 동시대에 이르는 넓은 사상, 예술을 읽어내며 자신만의 사상을 쌓아 나갔다.

▲ 독일의 철학자 쇼펜하우어는 니체의 사상에 영향을 끼친다. 그는 니체와 마찬가지로 전통 철학의 사유 방식을 깨고 새로운 세계를 구축한다. 염세주의자로 알려진 그는 고통은 살려는 의지에서 온다고 강조한다.

▲ 폴란드 그단스크(옛 단치히)에 있는 쇼펜하우어의 생가. 쇼펜하우어는 1788년 2월 22일, 단치히의 부유한 집안에서 태어난다. 그는 상인인 아버지의 영향으로 어릴 때부터 상업 활동을 시작한다.

▲ 독일 프랑크푸르트에 있는 쇼펜하우어의 흉상. 쇼펜하우어는 콜레라를 피해 프랑크푸르트로 이주한다. 책도 잘 팔리지 않고 하고자 하는 일도 잘 풀리지 않았던 그는 30년간 외롭게 이곳에서 지낸다.

▶ 사람들과 어울리는 데 자신이 없는 사람은 가까운 사람보다 우월하다는 사실을 보여 주기 위해 어떤 기회라도 이용하려고 한다. 예를 들면, 공개적으로 우월감을 드러내기 위해 사람들 앞에서 자신보다 뒤떨어지는 사람에게 야유를 보내는 식이다.

● 『인간적인, 너무나 인간적인』

Menschen, die sich in der Gesellschaft nicht sicher fühlen, benutzen jede Gelegenheit, um an einem Nahegestellten, dem sie überlegen sind.

▶ 절벽을 지나갈 때나 깊은 시내를 건너갈 때는 난간이 필요하다. 하지만 난간을 붙들기 위해서가 아니라 눈으로 안전하다는 사실을 확인하기 위해서인 것처럼 젊은이들은 무의식적으로 난간과 같은 존재를 필요로 한다. 우리가 큰 위험에 빠져 그들에게 의지하고 싶을 때 그들은 실제로 우리를 돕지 않을 것이다. 하지만 그들로 말미암아 근처에서 보호받고 있다는 안도감을 느낄 수는 있다. 아버지, 선생님, 친구와 같은 세 사람이 일반적으로 그런 예다.

● 『인간적인, 너무나 인간적인』

Nicht um sich daran festzuhalten, sondern um die Vorstellung der Sicherheit für das Auge zu erwecken – so bedarf man als Jüngling solcher Personen, welche uns unbewusst den Dienst jenes Geländers erweisen.

check

□

015 난간은 왜 필요한가

Warum braucht es ein Geländer

#젊은이들 #난간 같은 존재 필요

▶ 절벽을 지나갈 때나 깊은 시내를 건너갈 때는 난간이 필요하다. 하지만 난간을 붙들기 위해서가 아니라 눈으로 안전하다는 사실을 확인하기 위해서인 것처럼 젊은이들은 무의식적으로 난간과 같은 존재를 필요로 한다. 우리가 큰 위험에 빠져 그들에게 의지하고 싶을 때 그들은 실제로 우리를 돕지 않을 것이다. 하지만 그들로 말미암아 근처에서 보호받고 있다는 안도감을 느낄 수는 있다. 아버지, 선생님, 친구와 같은 세 사람이 일반적으로 그런 예다.

Nicht um sich daran festzuhalten, sondern um die Vorstellung der Sicherheit für das Auge zu erwecken — so bedarf man als Jüngling solcher Personen, welche uns

unbewusst den Dienst jenes Geländers erweisen.

● 『인간적인, 너무나 인간적인』

인간의 5대 욕구 중 하나인 사회적 욕구, 즉 소속의 욕구는 우리가 어느 집단에 소속되어 있다는 안도감에서 비롯된 욕구이다. 앞서 니체가 말한 '난간'은 아버지, 선생님, 친구 등 우리가 기대고 보호받을 수 있는 울타리를 의미한다. 이러한 난간은 특히 우리가 위험한 상황에 직면했을 때, 시련과 역경을 마주했을 때 든든한 힘이 되어 준다. 사람은 사람 때문에 상처받지만 사람들 속에서 살아가며 결국 사람에 의해 치유받는 존재이기 때문이다. 누군가가 나의 난간이 되어 주고 있다면 이제는 나 역시 누군가의 난간이자 울타리가 되어 보는 것은 어떨까. 서로가 서로에게 힘이 되어 서로의 마음을 보듬어주는 따스함이 어느 때보다 절실히 요구되는 요즘이다. 각박한 세상 속에서 언제라도 잠시 기댈 수 있는 난간과 나를 지켜줄 든든한 울타리가 있는 한 세상은 여전히 살 만한 곳이라고 믿는다.

check

□

016

성급한 행동이란

Was hektisches Verhalten ist

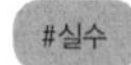
#실수

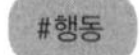
#행동

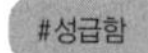
#성급함

save

▶ 사람이 성급한 행동을 단 한 번만 하는 경우는 거의 없다. 사람은 첫 번째로 그런 짓을 저지를 때, 늘 과하게 행동하기 마련이다. 이러한 이유로 사람은 두 번째로 성급한 행동을 하게 된다. 그 다음부터 사람은 지나치게 소심하게 행동한다.

Man begeht selten eine Übereilung allein.

● 『우상의 황혼』

check

□

017

돌아가는 사람

Ein umherwandernder Mensch

#진리 #평온함 #끈기 #뜀을 위한 후퇴

▶ 종교적 감정에 기반해 발전하고 있으며, 아마도 형이상학과 예술의 세계에서 오래도록 살아갈 사람은 어느 정도 돌아가는 사람이다. 그는 다른 현대인들에 비해 불리한 조건에서 경주에 참여한 것일지도 모른다. 겉으로 보기에는 시공간적 손해를 본 것 같기도 하다. (…) 하지만 그의 발에는 날개가 달려 있으며 그의 가슴은 더욱 평온하게, 더욱 오래, 더욱 끈기 있게 숨 쉬는 법을 배웠다. 그는 그저 뜀을 위한 충분한 공간을 확보하기 위해 물러선 것뿐이다. 이러한 후퇴에는 무언가 끔찍하고 위협적인 것이 있을 수 있다.

Er hat sich nur zurückgezogen, um zu seinem Sprunge genügenden Raum zu haben.

● 『인간적인, 너무나 인간적인』

check

□

018

의미 없는 등산

Sinnlos die Berg besteigen

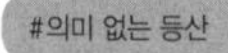

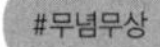

▶ 유람하는 여행객들은 마치 동물처럼 멍청하게 땀을 흘리며 산을 오른다. 사람들은 깜빡 잊어 버렸다. 올라오는 길에 아름다운 경치가 펼쳐져 있었다고 말해 주는 것을.

Man hatte ihnen zu sagen vergessen, dass es unterwegs schöne Aussichten gebe

● 『인간적인, 너무나 인간적인』

check

☐

019

우월감과 열등감

Überlegenheits - und Minderwertigkeitsgefühl

#비난 #관계 #우월감 #야유

▶ 사람들과 어울리는 데 자신이 없는 사람은 가까운 사람보다 우월하다는 사실을 보여 주기 위해 어떤 기회라도 이용하려고 한다. 예를 들면, 공개적으로 우월감을 드러내기 위해 사람들 앞에서 자신보다 뒤떨어지는 사람에게 야유를 보내는 식이다.

Menschen, die sich in der Gesellschaft nicht sicher fühlen, benutzen jede Gelegenheit, um an einem Nahegestellten, dem sie überlegen sind.

● 『인간적인, 너무나 인간적인』

check

□

028

기다린다는 것

Warten

#기다림 #문학 #셰익스피어 #소포클레스

save

▶ 기다릴 줄 아는 것은 너무나 어려운 일이다. 가장 위대한 작가들도 작품을 쓸 때 기다리지 못함을 모티프로 삼지 않을 수 없었다. 셰익스피어는 「오셀로」에, 소포클레스는 「아이아스」에 이와 같은 내용을 담았다. 만일 자살한 아이아스가 스스로의 감정을 딱 하루만 더 억누를 수 있었다면, 신탁이 말한 대로 스스로의 죽음은 더는 필요하지 않았을지도 모른다.

Das Warten-können ist so schwer.

● 『인간적인, 너무나 인간적인』

버티고 인내할 줄 아는 마음, 인간이 지녀야 할 덕목 중 하나일 것이다. 인간과 동물이 다른 점은 스스로 자신의 감정을 조절하고 인내할 줄 아는 이성이 있다는 것이다. 그러나 인간 역시 불완전한 존재이기에 때로는 이성이 감정에 지배를 당하기도 한다.

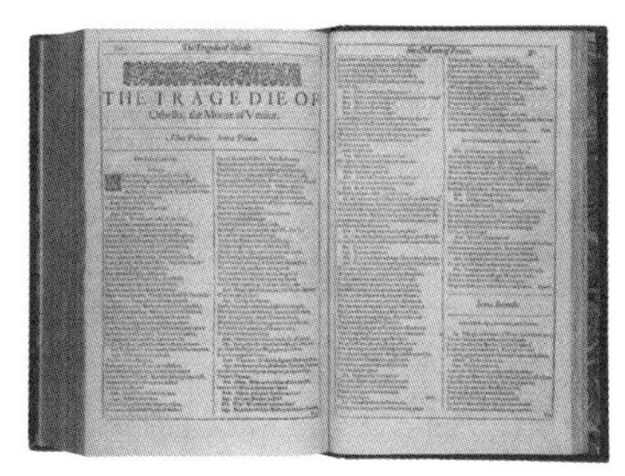

▲「오셀로」 원서

니체가 언급한「오셀로」와「아이아스」의 작중 인물들처럼, 우리는 순간의 감정을 억누르지 못해, 조금 더 인내하지 못해 일을 그르치는 경우가 많다. 인간이기에 실수하는 것이고 또 인간이기에 시행착오를 통해 잘못된 것을 바로잡을 수 있는 것이다. 실수를 하되 그 빈도를 줄이고, 실수를 통해 무언가를 깨닫고 스스로를 돌아볼 수 있다면, 그 실수는 단순히 어리석은 행위가 아닌 인생에 있어 값진 교훈이 될 것이다. 온몸으로 부딪쳐 체득한, 그 어떤 것보다 귀한 가치이기 때문이다. 어리석은 자의 어리석은 행동으로 남을 것인가 혹은 발전의 계기로 삼을 귀한 경험이 될 것인가 하는 것은 전적으로 자기 자신에게 달려 있다.

check

☐

021

위험한 수면제

Ein gefährliches Schlafmittel

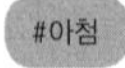

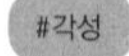

#각성

▶ 아침을 통해 우리의 주의력을 마비시키려고 하는 사람은 아주 위험한 매개체, 말하자면 수면제를 사용하는 것과 같다. 만약 이것이 상대방을 잠들게 하지 못한다면, 오히려 더욱 각성한 상태로 만들 것이다.

Wenn er nicht einschläfert, nur um so mehr wach erhält.

● 『인간적인, 너무나 인간적인』

check

□

022

참을 수 없는 것

Was unerträglich ist

save

#오램 #기다림 #분노 #나쁜 생각 #비도덕적

▶ 사람들을 화나게 만들고, 또 그들이 나쁜 생각을 하도록 만드는 가장 확실한 방법이 있다. 그들을 아주 오래 기다리게 하는 것이다. 이는 사람을 비도덕적으로 만든다.

Ein sicheres Mittel, die Leute aufzubringen und ihnen böse Gedanken in den Kopf zu setzen, ist, sie lange warten zu lassen.

● 『인간적인, 너무나 인간적인』

check

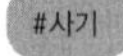

023

사기꾼이 지닌 미학

Eine betrügerische Ästhetik

#사기 #자신에 대한 믿음 #압도적

▶ 모든 탁월한 사기꾼들이 힘을 얻게 되는 방식에는 주목할 만한 가치가 있다. 그들이 남을 속이기 위해 소름 끼치는 목소리나 표현, 몸짓 따위의 모든 준비를 마치고 효과적인 연출의 한가운데에서 실제로 행동에 나서게 되면 자기 자신에 대한 믿음이 그들을 감싸게 된다. 바로 이 믿음이 매우 놀랍고 압도적인 모습으로 주위 사람들에게 말을 건네는 것이다.

Dieser ist es, der dann so wundergleich und bezwingend zu den Umgebenden spricht.

● 『인간적인, 너무나 인간적인』

check

□

024

허영심과 허영심이 만나다

Eitelkeit trifft auf Eitelkeit

#허영심 #자만 #나쁜 인상 #비난

▶ 같은 크기의 허영심을 지닌 두 사람이 서로 만났다고 하자. 이 두 사람은 서로에 대해 나쁜 인상만을 가지고 있을 것이다. 왜냐하면 각자 상대방에게 주고 싶은 인상을 남기는 데에만 분주하느라 상대방에게서 아무런 인상도 받지 못했기 때문이다. 결국 각자의 노력이 허사로 돌아갔다는 사실을 깨닫게 된 두 사람은 상대방을 탓하게 된다.

Weil jede so mit dem Eindruck beschäftigt war, den sie bei der andern hervorbringen wollte, dass die andere auf sie keinen Eindruck machte.

● 『인간적인, 너무나 인간적인』

check

□

025

침묵은 해악

Schweigen ist ein Übel

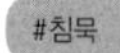

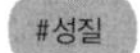

#소화 불량

▶ 내게는 가장 난폭한 말과 가장 거칠게 쓰인 편지가 침묵보다는 착하고 예의 바르게 느껴진다. 침묵하는 자는 언제나 섬세함도 예의도 갖추지 못한 사람이다. 침묵은 항변하는 것이다. 꾹 참고 넘어가면 필연적으로 나쁜 성질을 가지게 된다. 침묵은 위장을 상하게 한다. 침묵하는 자는 모두 소화 불량에 시달린다.

Alle Schweiger sind dyspeptisch.

● 『이 사람을 보라』

우리가 익히 알고 있는 "침묵은 금이다.", "가루는 칠수록 고와지고 말은 쓸수록 거칠어진다."와 같은 침묵의 중요성을 강조한 오랜 잠언이 무색할 만큼, 니체는 침묵에 대해 부정적인 입장을 보이고 있다. 니체의 입장에서는, 난폭하고 거칠게 내뱉는 말이 침묵보다 낫다고 주장할 만큼 침묵은 해악이라는 것이다. 사람마다 견해가 다를 수 있기에 니체의 입장도 일리가 있다. 필자 역시 때로는 침묵이 가장 위험한 순간에 중립을 고수하려는 비겁한 자의 처세라고 생각하기 때문이다. 모두가 그렇다고 말할 때 소신을 가지고 아니라고 말할 수 있는 사람은 안전한 침묵으로 일관하는 사람보다 분명 용기 있는 사람일 것이다. 다양한 색깔을 지닌 사람의 수만큼 다양한 의견이 꼭 필요한 사회에서, 겸양의 마음을 지니되 분명한 자신의 목소리를 내는 주체적이고 능동적인 인재는 고금을 막론하고 반드시 필요한 것이다.

check

□

026

우월감을 위한 충고

Eine Warnung für das Überlegenheitsgefühl

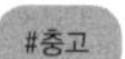

#우월감 #환자

▶ 환자에게 충고를 건네는 사람은 우월감을 느끼게 된다. 자신의 충고가 받아들여지든 거부당하든 말이다. 이러한 이유로 예민하고 자존심이 강한 환자는 자신의 병보다 상대방의 충고를 더 싫어한다.

Desshalb hassen reizbare und stolze Kranke die Rathgeber noch mehr als ihre Krankheit.

● 『인간적인, 너무나 인간적인』

check

□

027

몸을 움직여라

Beweg deinen Körper

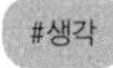 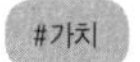 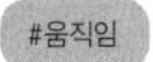 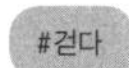

▶ 가만히 앉아 있는 끈기는 성스러운 영혼에 죄를 짓는 행위다. 오로지 걸으면서 얻은 생각만이 가치를 지닌다.

Nur die ergangenen Gedanken haben Werth.

● 『우상의 황혼』

check □

028

행동에 뒤따르는 것

Die Folgen des Verhaltens

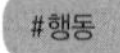

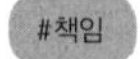

#더 나아지다

▶ 우리의 행동에 뒤따르는 결과는 우리의 머리카락을 움켜쥔다. 그 사이에 우리가 '더 나아졌다'는 사실에는 너무나도 무관심하지만 말이다.

Die Folgen unsrer Handlungen fassen uns am Schopfe.

● 『선악의 저편』

"아무런 일도 하지 않는다면 상처도 없겠지만 성장도 없다. 하지만 뭔가 하게 되면 나는 어떤 식으로든 성장한다. 심지어 시도했으나 무엇도 제대로 해내지 못했을 때조차도 성장한다." (김연수 산문집, 『소설가의 일』, 문학동네, 2014.) 앞서 니체의 잠언을 보자마자 김연수 작가의 책 한 구절이 떠올랐다.

니체는 현실에 안주하며 안온한 인생을 사느니 깨지고 부서지며 파괴되어도 그것을 통해 새로운 것을 창조해내는 역동적인 인생을 살고자 부단히 노력했다. 우리는 현재의 판단이 어떠한 결과를 가져올지 알 수 없기에 중요한 선택의 기로에서 늘 망설인다. 인생에 정답은 없기에 후회가 따르지 않는 선택이란 없을 것이다. 다만 조금이라도 덜 후회되는 선택이 있을 뿐이다. 아니, 어쩌면 우리가 선택한 것에 후회가 적도록, 나름대로 옳게 만들려고 노력하는 모습 자체가 인생인지도 모른다. 선택에 따른 결과가 두려워 시도조차 하지 않는 안전한 인생은 얼마나 시시할까. 상처가 두려워 시도조차 하지 않는 인생과, 몸으로 부딪치며 한 걸음 더 나아가 성장의 발판으로 삼는 인생 중 어느 것을 택하느냐는 결국 각자의 몫이다.

check

□

029

'햄릿'과 닮은 인간

Der Mensch wie Hamlet

save

#햄릿 #디오니소스적 인간 #인식 #행동

▶ 디오니소스적 인간은 햄릿과 닮았다. 모두 한때는 진정한 사물의 본질을 보았으며, 깨달았다. 그들 모두는 행동에 대해서는 혐오감을 느낀다. 자신의 행동이 영원한 사물의 본질을 변화시킬 수 없으며, 뒤죽박죽인 세계를 재건할 수 있으리라는 기대는 우습고 수치스럽기 때문이다.

Denn ihre Handlung kann nichts am ewigen Wesen der Dinge ändern, sie empfinden es als lächerlich oder schmachvoll, dass ihnen zugemuthet wird, die Welt, die aus den Fugen ist, wieder einzurichten.

● 『비극의 탄생』

앞서 살펴본 바와 같이 니체는 자신의 저서 『비극의 탄생』에서 그리스의 예술 양식을 규정하기 위해 '아폴론적(apollinisch)'이라는 것과 '디오니소스적(dionysisch)'이라는 것의 대립적인 개념을 사용했다. 아폴론적이라는 것은 보통 질서정연하고 정적이고 관조적인 것을 뜻하며, 반면에 디오니소스적인 것은 도취적이고 열정적이고 역동적인 개념으로 쓰인다. 그렇다면 니체는 왜 햄릿을 디오니소스적 인간으로 보았을까.

우리는 흔히 사색적이고 우유부단하여 쉽게 결정을 내리지 못하는 인물을 일컬어 '햄릿형 인간'이라 부른다. 이는 셰익스피어의 비극 「햄릿」에서 유래한 말이다. 작품 속 햄릿의 정적이자 숙부인 클로디어스왕은 이성과 분별, 절제와 균형을 중시하는 아폴론적 인간으로, 시와 예술을 사랑하며 전형적인 구조와 원시적 이성에 대한 저항을 추구하는 햄릿은 디오니소스적 인간으로 대변된다. 앞서 니체가 언급했듯, 사물의 본질을 통찰하며 앎의 깨달음을 얻고, 사물의 영원한 본성에 비추어 볼 때 행동은 아무것도 변화시키지 못한다는 디오니소스적 인간은 햄릿과 많이 닮아 있다. 니체의 디오니소스적 관점은 파괴와 생성, 그 과정에서 발산되는 고통과 환희의 미학을 추구했지만 아폴론적 관점 또한 부정한 것은 아니었다. 아폴론적인 것과 디오니소스가 상호 보완될 때 모든 예술은 균형을 이루며 보다 아름다운 가치를 실현할 수 있을 것이다.

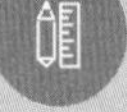

니체가 '인간의 행동'에 관해 말을 전하다

check □

❶ 사람이 성급한 행동을 단 한 번만 하는 경우는 거의 없다.

❷ 기다릴 줄 아는 것은 너무나 어려운 일이다.

❸ 예민하고 자존심이 강한 환자는 자신의 병보다 상대방의 충고를 더 싫어한다.

❹ 침묵은 위장을 상하게 한다.

❺ 침묵하는 자는 모두 소화 불량에 시달린다.

❻ 가만히 앉아 있는 끈기는 성스러운 영혼에 죄를 짓는 행위다.

❼ 오로지 걸으면서 얻은 생각만이 가치를 지닌다.

❽ 우리의 행동에 뒤따르는 결과는 우리의 머리카락을 움켜쥔다.

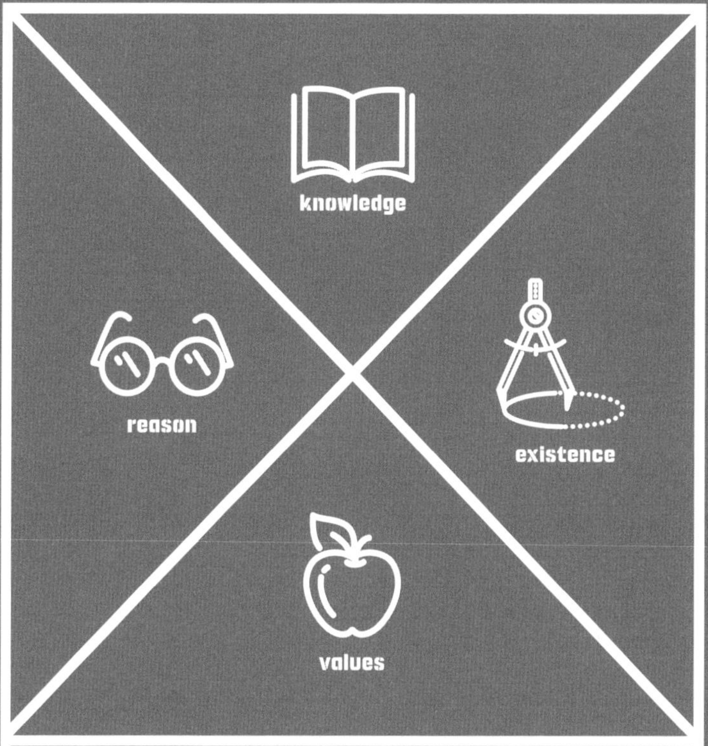

knowledge

reason

existence

values

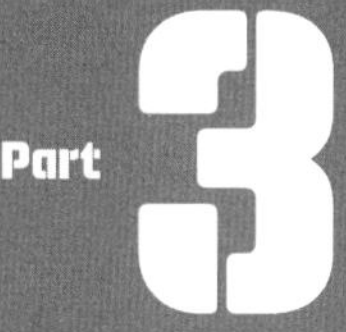

니체가 '감정과 감각'에 관해 말하다

정신발작과 불우함 속에서도 대표적인 저서들을 꾸준히 발표해 20세기를 뒤흔든 '니체의 사상'

#건강 문제 #요양 #『즐거운 학문』 #『차라투스트라는 이렇게 말했다』

#『선악의 저편』 #『도덕의 계보학』 #20세기에 지대한 영향을 끼친 철학자

▶ 건강 문제로 교수직을 내려놓은 니체는 요양을 위해 유럽 전역을 돌아다니며 저술 활동을 펼쳤다. 『즐거운 학문』, 『차라투스트라는 이렇게 말했다』, 『선악의 저편』, 『도덕의 계보학』 등 니체의 대표적인 저서들은 이 시기에 나왔다. 마지막 순간까지 저술 활동을 놓지 않았던 니체는, 그러나 1889년 이탈리아 토리노에서 정신발작을 일으키며 쓰러지고 말았다. 그가 정신병에 걸린 이유는 아직까지 확실하게 밝혀진 바가 없다. 다만 여러 가설이 존재하는데, 이 중 가장 오래된 주장은 니체의 정신병이 매독 때문에 발생했다는 가설이다. 그러나 정신분석학자나 심리학자 등 많은 전문가들이 매독설은 사실이 아닐 확률이 크다고 주장하고 있다. 이들은 대신 뇌수막종, 뇌종양 등 다양한 원인을 제시하고 있다.

원인이 무엇이든 니체는 쓰러졌고, 다시는 온전한 정신을 회복하지 못했다. 10여 년 동안 정신병에 시달리던 그는 1900년 8월 25일 세상을 떠났다. 니체의 불우한 말년은 니체가 국수주의적이며 반유대적 인물이라는 일각의 오해를 사는 데도 일조했다. 극우주의에 깊이 빠져 있었던 니체의 여동생 엘리자베스는 니체의 작품을 입맛대로 편집해 나치 사상의 사상적 근거로 활용하고자 했다. 그는 열렬한 히틀러 신봉자였다. 니체가 말하는 '초인'이 히틀러와 같은 인물을 이르는 것이라 주장했으며, 니체가 세상을 떠난 후 유고를 모아 제멋대로 짜깁기한 유고집을 발간하기도 했다. 정신이 온전치 못했던 니체는 세상을 떠나기 전에도, 후에도 여동생의 이러한 행각을 막을 수 없었다. 20세기에 지대한 영향을 끼친 철학자는 자신의 사상이 이룩해낸 결과들을 채 확인하지 못한 채 세상을 떠난 것이다.

▲ 니체는 1888년부터 정신 이상 징후를 보인다. 결국 그는 1889년 1월 3일 이탈리아 토리노에 있는 카를로 알베르토 광장에서 한 마부가 말을 채찍질하는 모습을 보고 말을 끌어안으며 쓰러지고 만다.

▲ 스위스에 있는 바젤 대학교 전경. 니체는 25세인 1869년 박사 학위나 교수 자격이 없었지만 바젤 대학교에 고대 그리스 언어와 문학 담당 부교수로 초빙된다. 그는 건강 악화로 1879년 교수직을 내려놓는다.

▶ 인간은 행동에 대한 약속은 할 수 있지만, 감정에 대해서는 약속할 수 없다. 감정이란 무의식적인 것이기 때문이다. 평생 사랑하겠다든가, 미워하겠다든가, 충성을 다하겠든가 하는 약속을 하는 사람은 스스로의 능력으로는 불가능한 일을 약속하는 것이다.

● 『인간적인, 너무나 인간적인』

Man kann Handlungen versprechen, aber keine Empfindungen

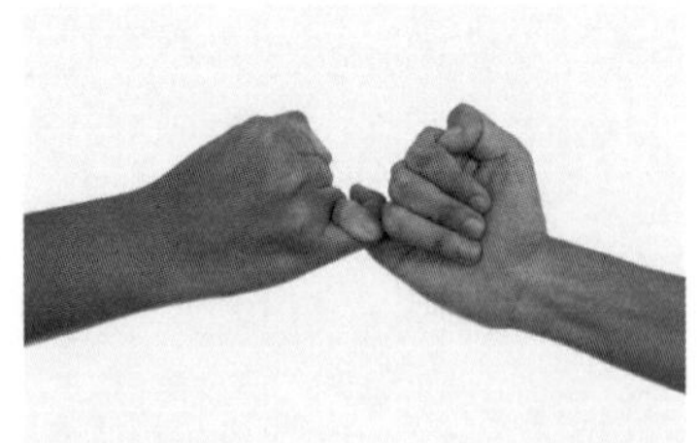

▶ 호기심이 없다고 하면, 이웃을 행복하게 하기 위한 행동도 적어질 것이다. 하지만 호기심은 의무 혹은 동정의 이름을 하고, 불행하고 가난한 사람의 집 안으로 슬쩍 들어선다. 아마 그 유명한 모성애조차도 어느 정도의 호기심을 지니고 있을 것이다.

● 『인간적인, 너무나 인간적인』

Aber die Neugierde schleicht sich unter dem Namen der Pflicht oder des Mitleides in das Haus des Unglücklichen und Bedürftigen.

check □

038

외로움이란

Was Einsamkeit ist

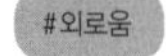

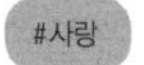

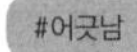

▶ 머나먼 것을 꿈꾸던 어떤 나그네가 실수로 외로운 거리에서 햇빛을 받으며 잠들어 있던 개를 밟았다.

이 둘은 죽을 만큼 깜짝 놀라는 바람에 서로가 운명의 적수라도 되는 듯 싸우려 든다. 이와 같은 일이 우리에게 주어진 것이다.

그렇지만, 그렇다 해도! 아주 약간 엇나간 탓에 이 둘은 서로 사랑하지 못한 것이다. 이 개와 이 외로운 자가 말이다! 그들은 모두 외로웠다!

Dieser Hund und dieser Einsame!

● 『차라투스트라는 이렇게 말했다』

check

□

031

위대한 불행, 불운한 행복

Großartiges Unglück, unglückliches Glück

#불행과 영예의 관계　#불행과 행복

▶ 불행으로 말미암은 영예는 매우 위대하다. 행복하다고 느끼는 것이 진부하고 겸허하고 저급하다는 듯. "하지만 당신은 정말 행복하군요!"라는 말을 들으면 사람들은 늘 항의한다.

Die Auszeichnung, welche im Unglück liegt ist so gross.

● 『인간적인, 너무나 인간적인』

check

☐

032

불안에서 나온 상상

Eine Vorstellung, die der inneren Unruhe entstammt

#불안 #상상

▶ 불안으로 말미암은 상상은 악한 원숭이 요괴와 같다. 이 요괴는 인간이 가장 무거운 짐을 지고 있을 때 그의 등에 뛰어오른다.

Die Phantasie der Angst ist jener böse äffische Kobold.

● 『인간적인, 너무나 인간적인』

현대인은 너무도 많은 걱정거리를 떠안고 살아간다. 오죽하면 걱정을 대신해 준다는 '걱정 인형'까지 등장했을까. 우리가 걱정하는 일들이 실제로 일어날 확률은 극히 드물다고 한다. 결국 일어나지도 않을 일에 시간과 마음을 허비하고 있는 셈이다. 걱정은 또 다른 걱정을 낳

으며 제 몸집을 불리고, 걱정하는 자의 몸과 마음을 병들게 한다. 이는 오랜 세월 동안 수많은 걱정을 끌어안고, 이제는 걱정과 한 몸이 되어 걱정이 없으면 오히려 불안한 지경이 되어 버린 필자의 경험담이자 앞으로는 그러지 말자고 스스로 다짐하는 말이기도 하다. 불필요한 생각은 필연적으로 걱정을 유발한다. 그러므로 걱정을 낳는 생각부터 줄여야 하는 것이다. '많은 생각'보다는 '깊은 생각'을 할 수 있도록, 불필요한 생각더미에 잠식되지 않기 위해 우리는 부단히 노력해야 하는 것이다. 미니멀리즘(minimalism), 미니멀 라이프가(minimal life)가 어느 때보다 강조되는 오늘날, 생각을 덜어내는 것이야말로 어쩌면 물건을 덜어내는 것보다 우리에게 더 필요한 일일지도 모른다.

check

□

033

불가능한 약속

Ein unmöglichches Versprechen

save

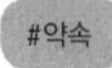  #무의식적 감정

▶ 인간은 행동에 대한 약속은 할 수 있지만, 감정에 대해서는 약속할 수 없다. 감정이란 무의식적인 것이기 때문이다. 평생 사랑하겠다든가, 미워하겠다든가, 충성을 다하겠든가 하는 약속을 하는 사람은 스스로의 능력으로는 불가능한 일을 약속하는 것이다.

Man kann Handlungen versprechen, aber keine Empfindungen

● 『인간적인, 너무나 인간적인』

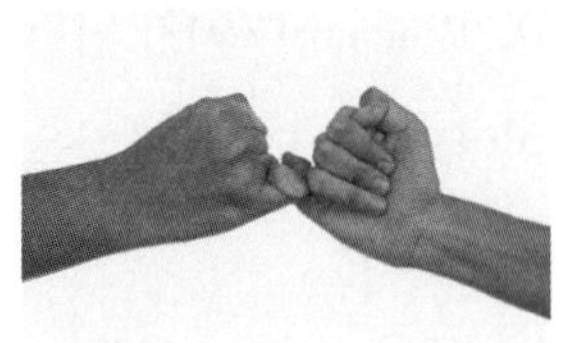

check

□

034

원본보다 나은

Besser als das Original

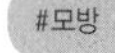 #모방

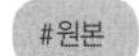 #원본

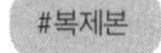 #복제본

save

▶ 중요한 인물의 복제본과 마주하는 일은 드물지 않다. 그리고 많은 사람은 그림을 볼 때처럼 원본보다 복제본을 더 좋아한다.

Den Meisten gefallen, wie bei Gemälden, so auch hier, die Copien besser als die Originale.

● 『인간적인, 너무나 인간적인』

check

☐

035

부끄러움을 아는 인간

Ein Mensch mit Schambewussten

#부끄러움 #붉은 뺨을 지닌 동물 #인간의 역사

▶ 식자(識者)는 인간을 '붉은 뺨을 지닌 동물'이라고 부른다.

어떻게 인간의 뺨이 붉어졌는가? 인간이 너무 자주 부끄러워해야 했기 때문이 아닌가?

나의 벗이여, 식자는 이렇게 말한다. 부끄러움, 부끄러움, 부끄러움…… 이것이 인간의 역사라고!

Scham, Scham, Scham — das ist die Geschichte des Menschen!

● 『차라투스트라는 이렇게 말했다』

check

□

036

호기심의 발로

Ausfluss der Neugier

save

#호기심 #선행 #호의 #모성애 #행복하기 위한 행동

▶ 호기심이 없다고 하면, 이웃을 행복하게 하기 위한 행동도 적어질 것이다. 하지만 호기심은 의무 혹은 동정의 이름을 하고, 불행하고 가난한 사람의 집 안으로 슬쩍 들어선다. 아마 그 유명한 모성애조차도 어느 정도의 호기심을 지니고 있을 것이다.

Aber die Neugierde schleicht sich unter dem Namen der Pflicht oder des Mitleides in das Haus des Unglücklichen und Bedürftigen.

● 『인간적인, 너무나 인간적인』

check

□

037

'감사'의 차이

Der Unterschied von Danke

save

#감사 #훌륭한 영혼 #상스러운 영혼 #울적함

▶ 훌륭한 영혼을 지닌 사람은 자신에게 감사해야만 하는 누군가가 있다는 사실을 알게 되면 마음이 울적해진다. 반면 상스러운 영혼을 지닌 사람은 누군가에게 감사할 일이 생겼을 때 마음이 울적해진다.

Eine feine Seele bedrückt es, sich Jemanden zum Dank verpflichtet zu wissen.

● 『인간적인, 너무나 인간적인』

check

☐

038

'큰 선물'의 역설

Ein Paradoxon des großen Geschenkes

#큰 선물 #부담감

▶ 어떤 사람이 무언가 큰 선물을 했을 경우, 그는 어떤 감사도 받지 못하곤 한다. 선물을 받은 사람은 이 선물을 받아들이기 위해 이미 너무 많은 부담을 졌기 때문이다.

Denn der Beschenkte hat schon durch das Annehmen zu viel Last.

● 『인간적인, 너무나 인간적인』

check

□

839

인간을 위한 구원

Heil für Menschen

#인간을 위한 구원 #복수심 #분노

save

▶ 내가 너희의 거미줄을 찢은 이유는 분노가 너희를 거짓된 동굴 밖으로 이끌고, 너희의 '정의'라는 말 뒤에 숨은 복수심이 튀어나올 것이기 때문이다.

인간을 복수심으로부터 구해 낸다. 이것이 내게는 가장 높은 희망으로 이어지는 다리이고, 긴 폭풍 뒤에 펼쳐지는 무지개다.

Denn dass der Mensch erlöst werde von der Rache.

● 『차라투스트라는 이렇게 말했다』

누군가에게 화를 입고 억울한 일을 당하면 분노하며 복수하고 싶은 마음이 드는 건 인간이라면 누구나 지닌 고유한 본성일 것이다. 그

러나 당한 만큼 갚아 주는 것, 받은 만큼 되돌려주는 것이 진정한 복수일까. 이유 없이 나를 미워하고 싫어하는 사람까지 신경 쓸 필요는 없다. 그런 사람들은 내가 무엇을 해도 미워하고 싫어할 테니까. 누군가에겐 너무도 사랑스러운, 세상에 둘도 없는 사람이 다른 누군가에게는 미움과 증오의 대상이 될 수도 있는 것, 그게 인간이며 우리는 그러한 사람들과 관계를 맺으며 그 안에서 울고 웃으며 살아가야 하는 것이다. 한때 복수에 대해 진지하게 생각해 본 적이 있다. 진정한 복수는 용서라는 말이 있다. 그러나 필자는 성인군자가 아니기에 나를 싫어하고 내게 해를 입힌 사람을 무조건 용서한다는 건 애초에 꿈도 꾸지 않았다. 누군가를 미워하고 복수심을 갖는 것은 나 자신을 괴롭히는 일이기에 미워하지 않고 앙갚음하지 않으려 애쓰는 것뿐이다. 그러므로 필자가 생각하는 진정한 복수란 용서가 아니다. 나를 흔드는 사람에게 휘둘리지 않고 그저 나의 길을 가는 것, 그럼으로써 더 나은 내가 되는 것, 그때쯤이면 미움도 증오도 복수심도 희미해질 거라 믿기 때문이다. 인생에 정답은 없겠지만 이것이 필자가 생각하는 진정한 복수란 무엇인가에 대한 해답이다.

check

□

048

시기와 질투

Eifersucht und Neid

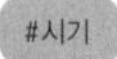

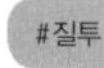

#영혼의 부끄러움 #끊임없는 비교

▶ 시기와 질투는 인간 영혼의 부끄러운 일부분이다. 사람들은 아마 계속해서 비교할 것이다.

Neid und Eifersucht sind die Schamtheile der menschlichen Seele.

● 『인간적인, 너무나 인간적인』

check

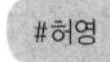

041

허영심이 강한 사람

Mensch mit großer Eitelkeit

save

#허영 #자신기만 #탁월함

▶ 허영심이 강한 사람은 두각을 드러내기를 바라기보다는 스스로 탁월하다고 느끼기를 원한다. 따라서 자신을 기만하고 속여 넘길 수 있는 수단을 거부하지 못한다. 그에게는 다른 사람의 의견이 아니라 다른 사람의 의견에 대한 자신의 생각만이 중요하게 다가온다.

Der Eitele will nicht sowohl hervorragen, als sich hervorragend fühlen.

● 『인간적인, 너무나 인간적인』

check

□

042

자존심에 아첨하다

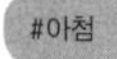

Dem Stolz schmeicheln

save

#아첨 #자존심 #합리화

▶ 뻔뻔스럽게 날씨를 세 번 맞히는 데 성공한 사람은 자신의 영혼 가장 깊은 곳에 아주 약간의 예언가적 능력이 존재한다고 믿는다. 우리는 자신의 자존심에 아첨하는 것이라면 기이하고 비합리적인 것일지라도 인정하곤 한다.

Wir lassen das Wunderliche, Irrationelle gelten, wenn es unserer Selbstschätzung schmeichelt.

● 『인간적인, 너무나 인간적인』

다른 사람들에겐 엄격하고 자기 자신에겐 지나치게 관대한 사람, 필자는 그런 사람이 가장 위험하다고 생각한다. "남의 눈에 티는 잘 보여도 내 눈에 대들보는 못 본다."라는 말처럼, 남의 작은 허물을 발견하기는 쉬워도 정작 자신의 큰 허물은 보기 힘든 법이니까. 이렇듯 자신에게 한없이 너그러운 사람들은 스스로의 잘못을 인정하려 하지 않는다. 자신의 능력을 과대평가하고 시도 때도 없이 자존심을 세우려 한다. 자존심(自尊心)이란 무엇인가. 말 그대로 '스스로를 높이고 존중하는 마음'이다. 이것은 분명 '자의식의 과잉'과는 구별되어야 할 것이다. 니체의 책 제목처럼 우리는 '인간적인, 너무나 인간적'이기에 불완전한 상태로 시행착오를 거듭하며 끊임없이 배우고 성장하며 살아가야 하겠지만.

▶ 니체가 1878년에 발표한 『인간적인, 너무나 인간적인』에는 기나긴 철학적 고찰부터 촌철살인이 담긴 짧은 글에 이르기까지 다양한 사상과 내용이 담겨 있다.

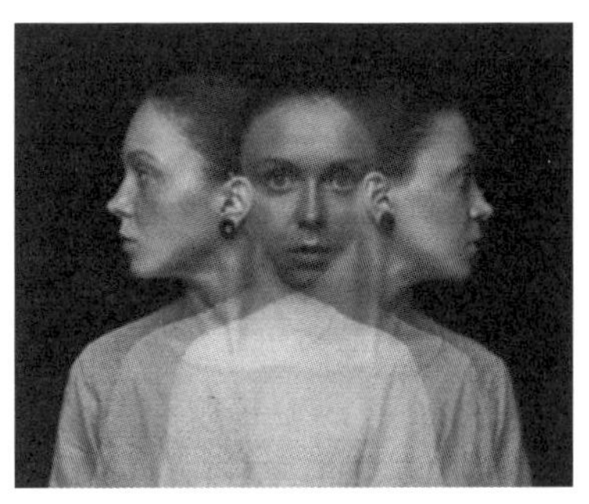

check

□

043

'내 의견'이라고 착각하는 것

Ein Irrtum als meine Meinung

#첫 번째 생각 #질문 #통상적인 의견

▶ 갑자기 어떤 질문이 던져졌을 때 마음에 떠오르는 첫 번째 생각은 일반적으로 우리 자신의 것이 아니다. 이는 그저 우리의 계급이나 지위 혹은 출신에 속한, 통상적인 의견일 뿐이다. 자기 자신의 의견은 거의 표면에 떠오르지 않는다.

Die eigenen Meinungen schwimmen selten oben auf.

● 『인간적인, 너무나 인간적인』

check

□

044

기쁨의 대상

Objekt der Freude

save

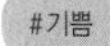

#기쁨 #자신의 기쁨

▶ '어떤 일로 말미암은 기쁨'이라는 말이 있다. 하지만 그 어떤 일을 통해, 이를 행하는 자신에게 기쁨을 느끼는 것이다.

'Freude an der Sache' so sagt man: aber in Wahrheit ist es Freude an sich vermittelst einer Sache.

● 『인간적인, 너무나 인간적인』

check

□

045

'새로운 것'을 듣다

Etwas Neues hören

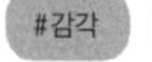

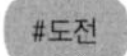

#새로운 것 #수동적 감정

▶ 무언가 새로운 것을 듣는다는 것은 우리 귀에 고통스럽고 힘겨운 일이다. 우리는 귀에 익지 않은 음악은 잘 듣지 못한다. 우리는 다른 언어를 들으면 무의식적으로 우리가 듣는 그 소리를 좀 더 친숙한 말로 바꾸려고 노력한다. (…) 우리의 감각은 새로운 것을 적대적이고 혐오스럽게 여긴다.

Das Neue findet auch unsre Sinne feindlich und widerwillig.

● 『선악의 저편』

"눈은 새로운 것을 찾고 귀는 익숙한 것을 원한다."라는 말처럼, 무의식적으로 우리의 눈은 새로운 것에 호기심이 발동하고 귀는 낯선 것을 꺼리며 거부한다. 니체의 말처럼, 우리의 귀는 낯선 언어나 음악뿐만 아니라 자신의 신념과는 다른 새로운 가치관이나 조언 역시 거부하는 경향이 있다. 오랜 세월 지켜온 자신의 신념을 바꾸는 것은

결코 쉽지 않은 일이다. 시대가 변하고 세월이 흐름에 따라 새로운 것들을 자연스럽게 받아들이고, 나와 다른 것들도 포용할 줄 아는 자세는 꼭 필요하지만 그만큼 시간과 노력이 요구되는 것이다. 다름을 이해하고 받아들이지 못하며 자신의 신념과 고집만 고수하는 기성세대를 우리는 흔히 '꼰대'라 부르며 비하하는 요즘이다. 물론 모든 기성세대가 다 꼰대는 아니다. 오랜 신념의 고수와 열린 마음 사이에서 늘 고민하는 진정한 어른도 분명 존재하니까. '존경은 권리가 아니라 성취'라는 말이 있다. 웃어른을 공경하는 것은 우리 사회에 꼭 필요한 미덕이지만, 존경은 그 어떤 노력도 하지 않으며 단지 연장자라는 이유만으로 당연하게 누려야 할 권리는 아니라는 것을 모든 기성세대들이 명심했으면 하는 바람이다. 누군가의 진심 어린 존경을 받을 수 있는 진정한 어른, 참된 어른이 되는 것, 훗날 실행해야 할 새로운 목표가 하나 더 생긴 듯하다.

check □

046

언제 부끄러운가

Wann schämt man sich

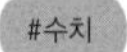

#불결한 생각
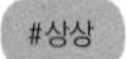

▶ 사람들은 무언가 불결한 생각을 했을 때 부끄러움을 느끼지 않는다. 하지만 그가 불결한 생각을 가지고 있다는 사실을 다른 사람들이 믿는다고 상상하면, 그는 부끄러움을 느낄 것이다.

Die Menschen schämen sich nicht, etwas Schmutziges zu denken, aber wohl, wenn sie sich vorstellen, dass man ihnen diese schmutzigen Gedanken zutraue.

●『인간적인, 너무나 인간적인』

우리 모두는 불완전한 인간이기에 때로는 실수도 하며, 누군가에게 시기와 질투, 분노와 원망 의 감정을 품기도 한다. 이렇듯 인간은 어

느 하나로 규정할 수 없는 선함과 악함, 미움과 증오 같은 수많은 감정들이 내재되어 있는 존재인 것이다. 앞서 니체는 다른 사람들의 시선을 의식한 인간의 수치심(羞恥心)에 대해 언급했다. 누군가가 부끄러운 일을 저질렀을 때 타인이 그 사실을 모른다면 그다지 수치스럽다는 생각을 하지 못한다는 것이다. 물론 이러한 니체의 생각을 일반화할 수는 없겠지만, 우리는 자신의 과오를 남들에게 들켰을 때 더욱 강한 치욕을 느끼니까 분명 일리 있는 말이다.

'혼족'이라는 말이 유행처럼 번지고 예전보다는 자연스러운 하나의 문화로 자리 잡아가고 있는 시대다. 그러나 여전히 혼자 밥을 먹고 영화를 보고 혼자서 무언가를 즐기는 것을 꺼리는 사람이 많다. 그들은 혼자라는 외로움보다 어쩌면 내가 혼자라는 것을 누군가가 지켜보고 알고 있다는 사실 자체를 견디기 힘든 건지도 모르겠다. 물론 혼자라는 사실은 결코 과오도 치욕도 아니지만, 누군가에게 그 사실을 들켜버린 그 순간만큼은 나에게 있어 더없는 치욕으로 느껴지는 것이다. 인간은 사회적 존재이기에 타인의 시선을 의식하지 않고 살아갈 수는 없을 것이다. 그러나 남들의 시선이나 말보다 내 안의 의지와 양심의 소리에 귀를 기울이며 스스로에게 부끄럽지 않도록 당당하게 살아갈 수 있는 사람이 더 많아졌으면 하는 바람이다.

check
☐

니체가 '감정과 감각'에 관해 말을 전하다

❶ 인간은 행동에 대한 약속은 할 수 있지만, 감정에 대해서는 약속할 수 없다.

❷ 많은 사람은 그림을 볼 때처럼 원본보다 복제본을 더 좋아한다.

❸ 부끄러움, 부끄러움, 부끄러움…… 이것이 인간의 역사라고!

❹ 훌륭한 영혼을 지닌 사람은 자신에게 감사해야만 하는 누군가가 있다는 사실을 알게 되면 마음이 울적해진다.

❺ 시기와 질투는 인간 영혼의 부끄러운 일부분이다.

❻ 허영심이 강한 사람은 두각을 드러내기를 바라기보다는 스스로 탁월하다고 느끼기를 원한다.

❼ 우리는 자신의 자존심에 아첨하는 것이라면 기이하고 비합리적인 것일지라도 인정하곤 한다.

❽ 우리의 감각은 새로운 것을 적대적이고 혐오스럽게 여긴다.

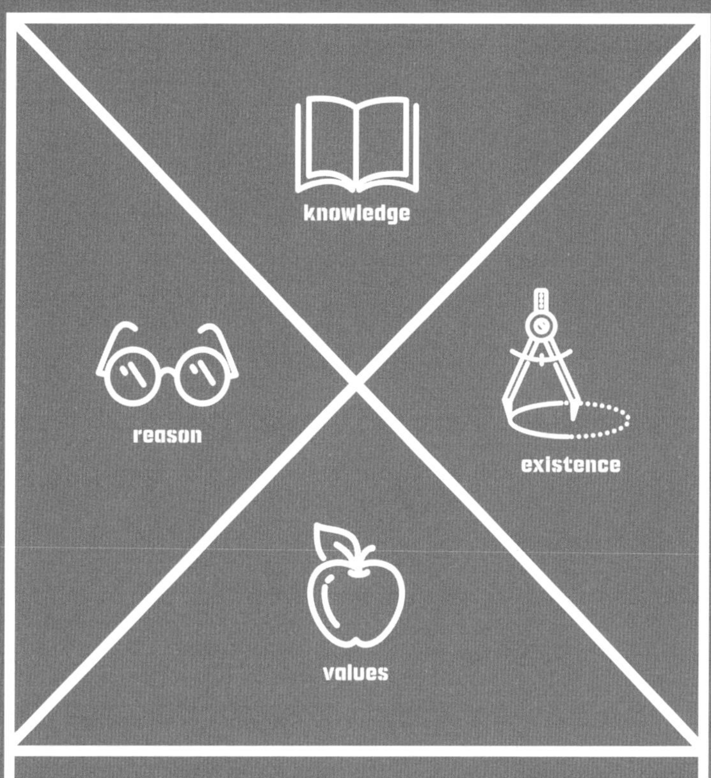

Part 4

니체가 '고통과 위로'에 관해 말하다

평생 부대낀 고통을 내던지지 않고 '나를 더 강하게 만드는' 계기로 삼다

#고통 #낙마사고 #위로 #초인 #스스로의 의지 #『도덕의 계보학』 #삶에 대한 위로 #고통과 함께 살아가는 법 #『우상의 황혼』

▶ 니체는 평생 고통과 함께 살았다. 군복무 중 낙마사고로 부상당했던 그는 평생 병에 시달렸다. 건강 문제로 대학교수직을 내려놓은 이후에는 요양을 위해 이곳저곳을 떠돌며 글을 썼고, 말년에도 병에 시달리다 죽음을 맞이했다. 그래서인지 그는 병과 고통에 대해 늘 생각하고, 이것에 대한 글도 많이 남겼다. 동시에 그는 건강한 몸에 대한 생각도 남겼다. 그는 건강한 몸이 갖춰져 있을 때 건강한 생각을 할 수 있다고 생각했다. 정리하자면, 니체는 고통을 무조건 배격해야 하는, 인생에 없어야 하는 것으로 규정하지 않았다. 그렇다고 인간이 고통에 내던져져야 한다고 생각한 것도 아니다. 그저 그는 고통을 거부하려 들지 않았고, 오히려 고통과 병을 통해 한 걸음 더 나아가고자 했다. "아프다는 것은 교훈적이고, 의심할 여지없이 건강한 것보다 훨씬 배울 수 있는 점이 많다. 오늘날에는 병을 주는 자가 그 어떤 의사나 '구원자'보다 오히려 우리에게 더 필요한 듯 싶다(『도덕의 계보학』)"라는 말에서 그의 생각을 엿볼 수 있다.

평생 고통과 함께 살아온 니체는 이 고통과 함께 살아가는 법을 터

득했을지도 모르겠다. 그래서인지, 그의 말들은 고통과 함께 살아가는 이들에게 많은 위로가 된다. 인간이 '초인', 넘어서는 자가 되기 위해서는 스스로의 의지가 있어야만 한다. 의지를 가지고 나아가는 인간이라면 충분히 고통을 극복할 수 있다. 의지에 대한 믿음이 삶에 대한 위로로 이어지는 것이다. "나를 죽이지 못하는 것은 나를 더욱 강하게 만든다.(『우상의 황혼』)"라는 니체의 한 마디는 오늘날 삶 속에서 여러 고통과 마주하는 사람들에게 많은 생각할 거리를 남긴다.

▲ 니체는 건강 문제로 평생 고통 속에서 산다. 그에게 '고통'이라는 것은 무조건 배격하거나 인생에서 없어야 할 개념이 아니다. 니체는 고통을 거부하지 않고, 고통에 맞서는 자를 '초인'이라고 부른다.

▲ 이탈리아 토리노에 있는 카를로 알베르토 광장. 니체는 1889년 이곳에서 정신 발작을 일으키며 쓰러진다. 이후 그는 정신 병원에 입원하지만, 잦은 정신 발작을 일으키며 10년 정도 더 연명하다가 세상을 떠난다.

▶ 인간이 삶에 대해 부정적인 말을 꺼내는 것은 마치 마법처럼 더욱 충만하고 부드러운 긍정을 가져온다. 그렇다. 파괴와 자기 파괴의 전문가인 인간이 자신에게 상처를 남긴다고 해도, 나중에는 이 상처가 그가 살아가도록 강요하게 되는 것이다.

● 『도덕의 계보학』

Sein Nein, das er zum Leben spricht, bringt wie durch einen Zauber eine Fülle zarterer Ja's an's Licht.

▶ "무언가 다른 존재가 될 수 있었다면! 하지만 더 이상 희망은 없어. 나는 나인걸. 어떻게 나 자신을 없애 버릴 수 있지? 나는 나 자신이 지긋지긋해!"

자기혐오라는 땅 위에서, 진정한 늪에서 온갖 잡초와 독초가, 너무 작고 은폐되어 있으며 부정직하고 불쾌한 모든 것이 자라난다.

● 『도덕의 계보학』

Auf solchem Boden der Selbstverachtung, einem eigentlichen Sumpfboden, wächst jedes Unkraut, jedes Giftgewächs, und alles so klein, so versteckt, so unehrlich, so süsslich.

check

□

047

기억을 만드는 고통

Schmerz, der Erinnerung prägen

#지속적인 고통 #기억 #주명제

save

▶ "인간은 무언가를 낙인찍어야 한다. 기억 속에 남기 위해서는. 오로지 계속해서 고통을 주는 것만이 기억 속에 남는다." 이것은 이 땅에서 가장 오래된(불행히도 가장 오래도록 이어져 온) 심리학적 주명제다.

Nur was nicht aufhört, weh zu thun, bleibt im Gedächtniss.

● 『도덕의 계보학』

check

□

048

판도라의 상자

Die Büchse der Pandora

save

#희망 #고통 #제우스 #끔찍한 재앙

▶ 제우스는 인간이 다른 재앙으로 말미암아 고통을 겪는다고 하더라도 자신의 삶을 버리지 않고 계속해서 새롭게 고통받고 또 고통받기를 바랐다. 그리하여 그는 인간에게 희망을 주었다. 희망은 사실 재앙 중에서도 가장 끔찍한 재앙이다. 왜냐하면 희망이 인간의 고통을 더욱 길어지게 만들기 때문이다.

Weil sie die Qual der Menschen verlängert.

● 『인간적인, 너무나 인간적인』

check □

049 '망각'이라는 행운

Das Glück namens Vergessen

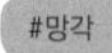

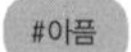

#건강한 사람

▶ A: 내가 아팠었나? 이제 다 나은 건가? 나를 치료한 의사가 누구였지? 나는 이 모든 걸 잊고 말았어!

B: 나는 이제야 네가 다 나았다고 생각해. 잊은 사람이 건강한 사람이기 때문이지.

Denn gesund ist, wer vergass.

● 『즐거운 학문』

기억력이 좋지 않다며 자신이 불행하다고 생각하는 사람들을 종종 본다. 물론 기억력이 좋지 않다는 건 정보화 시대에 있어 단점으로 작용할 것이다. 그러나 필자는 기억력이 좋지 않다는 것이 꼭 모든 면에서 단점이 되진 않을 거라 생각한다.

우리는 아프고 고통스러운 기억은 쉽게 잊지 못한다. 여덟 번 행복하고 두 번 힘들더라도 그 힘든 두 번을 기억할 수밖에 없는 게 사람이니까. 만약 우리가 겪었던 모든 일들을 기억한다면 우리는 생각이라는 더미에 치여 제대로 살아갈 수 없을 것이다. 인간은 망각의 동물이자 생각하고 창조하는 동물이기에 취할 것과 버릴 것을 구분하며 다시 새로운 것들을 받아들인다. 이러한 과정은 인지 능력을 보유하고 있는 한 사는 동안 무한히 반복될 것이다.

떠나가는 기억을 붙들기 위해 너무 애쓰지 말라. 보내줘야 할 것은 미련 없이 보내주고 기꺼이 새로운 것들을 맞이하라. 우리에게 웃음과 기쁨을 주는 것들은 오래도록 남고, 고통과 슬픔을 주는 것들은 잠시만 머물기를. 아픔이 잠시 머물다 간 그 자리엔 상처 대신 새 희망이 깃들기를.

check

☐

050

부정에서 시작된 긍정

Eine Bejahung, die mit einer Verneinung begann

#부정적인 말 #충만한 긍정 #상처 #자기 파괴

▶ 인간이 삶에 대해 부정적인 말을 꺼내는 것은 마치 마법처럼 더욱 충만하고 부드러운 긍정을 가져온다. 그렇다. 파괴와 자기 파괴의 전문가인 인간이 자신에게 상처를 남긴다고 해도, 나중에는 이 상처가 그가 살아가도록 강요하게 되는 것이다.

Sein Nein, das er zum Leben spricht, bringt wie durch einen Zauber eine Fülle zarterer Ja's an's Licht.

● 『도덕의 계보학』

check

□

051

재앙은 어디에서 오는가

Woher Stammt das Unheil

#병 #가장 큰 위험 #재앙

▶ 병은 건강한 사람들에게 가장 큰 위험이 된다. 강한 사람들에게 다가오는 재앙은 가장 강한 것으로부터 오지 않는다. 오히려 가장 약한 것으로부터 온다.

Die Kranken sind die grösste Gefahr für die Gesunden.

● 『도덕의 계보학』

check

□

052

인간을 가장 고통스럽게 만드는 것

Etwas, das den Menschen den größten Schmerz bereitet

#고통 #괴로움 #보이지 않는 손

▶ 이 나무를 양손으로 흔들고 싶다 한들 내게는 그럴 힘이 없다. 하지만 보이지 않는 바람은 나무를 괴롭히며 자신이 원하는 방향으로 휘어 버린다. 이렇듯 보이지 않는 손은 우리를 가장 심하게 구부러뜨리며 고통스럽게 한다.

Wir werden am schlimmsten von unsichtbaren Händen gebogen und gequält.

● 『차라투스트라는 이렇게 말했다』

check

□

053

자기혐오가 낳는 것

Die Quelle des Selbsthasses

#고난 #자기혐오 #단단해지다

save

▶ "무언가 다른 존재가 될 수 있었다면! 하지만 더 이상 희망은 없어. 나는 나인걸. 어떻게 나 자신을 없애 버릴 수 있지? 나는 나 자신이 지긋지긋해!"

자기혐오라는 땅 위에서, 진정한 늪에서 온갖 잡초와 독초가, 너무 작고 은폐되어 있으며 부정직하고 불쾌한 모든 것이 자라난다.

Auf solchem Boden der Selbstverachtung, einem eigentlichen Sumpfboden, wächst jedes Unkraut, jedes Giftgewächs, und alles so klein, so versteckt, so unehrlich, so süsslich.

● 『도덕의 계보학』

check

☐

054

행복한 순간

Ein Glücklicher Moment

#인간의 운명 #행복

▶ 인간의 운명은 행복한 순간을 받아들이기 위한 준비가 되었다. 어떤 삶에라도 그러한 순간은 존재하는 법이다.

Das Schicksal der Menschen ist auf glückliche Augenblicke eingerichtet

● 『인간적인, 너무나 인간적인』

check

□

짐을 지는 것

Lasten tragen

save

#고난 #단단해짐 #총명한 맹목

▶ 너 자신의 것이라고 해도 너무 많은 것을 짊어지기는 어렵다! 또한 인간 안에 든 많은 것은 굴과 같아서 구역질이 나며 미끌거려서 잡기도 어렵다.

그렇기에 고귀한 껍질과 고귀한 장식이 중보를 서야 한다. 하지만 인간은 배워야만 한다. 껍질을 가지며, 아름다운 겉모습과 총명한 맹목을 지니는 법을 말이다!

Auch manches Eigene ist schwer zu tragen!

● 『차라투스트라는 이렇게 말했다』

check

□

056

아픔을 통해 배우다

Lernen durch Schmerz

save

#아픔 #교훈 #병 #필요한 자

▶ 아프다는 것은 교훈적이고, 의심할 여지없이 건강한 것보다 훨씬 배울 수 있는 점이 많다. 오늘날에는 병을 주는 자가 그 어떤 의사나 '구원자'보다 오히려 우리에게 더 필요한 듯싶다.

Die Krankmacher scheinen uns heute nöthiger selbst als irgend welche Medizinmänner und 'Heilande'.

● 『도덕의 계보학』

행복이라는 것은 아주 커다란 것이고 가끔씩만 찾아오기에 지금 내 눈앞에 보이는 소소한 즐거움과 작은 웃음은 행복이 아니라고 믿었던 날들이 있었다. 이런 평범한 것들이 행복이라면 너무 시시하지 않겠나 하면서.

그러나 행복의 몸집은 그리 크지도, 또 아주 드물게 찾아오는 것도 아니란 사실을 어느 순간 깨달았다. 우리는 아플 때야 비로소 아프기 전의 모습을 떠올리며 그리워하고 그 시절에 감사한다. 당연하다고 생각한 일상이 고통으로 비틀어질 때, 그때서야 그 일상이 당연한 것이 아니었음을, 고통 없는 그때가 행복이었음을 알게 되는 것이다. 우리에게 행복의 의미를 되새겨주며 더 나은 나로 성장시키는 한 고통과 시련은 단지 상처나 아픔이 아닌 인생에 있어 참된 스승이 되는 것이다.

행복은 결코 대단한 것이 아님을, 언제나 우리 곁에 있었음을, 불행하지 않았던 평범한 보통의 날들이 모두 행복이었음을 이제야 조금 알 것 같다.

check □

057

네 심장을 넘어서라

Überschreite dein Herz

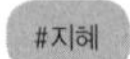

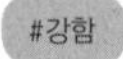

#가장 단단한 것

▶ 네게는 이제 어떤 사다리도 남아 있지 않기 때문에 너는 네 머리 위로 오르는 법을 알아야만 한다. 그러지 않고서 어떻게 위로 올라가고자 했는가?

너의 머리 위를 오르며 네 심장을 넘어서라! 이제 네가 가진 가장 부드러운 것 또한 가장 단단한 것이 되어야 한다.

Jetzt muss das Mildeste an dir noch zum Härtesten werden.

● 『차라투스트라는 이렇게 말했다』

"너의 머리 위를 오르며 네 심장을 넘어서라! 이제 네가 가진 가장 부드러운 것 또한 가장 단단한 것이 되어야 한다."라는 니체의 말은 끊임없는 노력으로 자기 자신을 넘어서야 한다는 자기 극복의 의지인 '초인 사상'과 일맥상통한다. 인생에서 가장 중요한 것은 그 무엇도 아닌, 자신의 한계에 도전하며 자기 자신을 넘어서는 일인 것이다. 니체는 그의 저서 『차라투스트라는 이렇게 말했다』에서 고독에 대해 언급하며, 외로움이라는 고독과 고통을 통해 마음의 근육을 단련시켜야 한다고 말한 바 있다. 니체에게 있어 나약함은 가장 먼저 극복해야 할 대상이었기에 마음의 근육을 단단하게 키워 그 어떤 것에도 휘둘리지 않는 견고한 자신의 성(城)을 구축해야 한다는 것이다. 마음의 근육을 단련하는 것, 결코 쉽지 않은 일이지만 고통과 시련 앞에 쉽게 무너지고 힘든 일을 회피하며 쉽게 포기하는 사람들에게 무엇보다 필요한 수련이다.

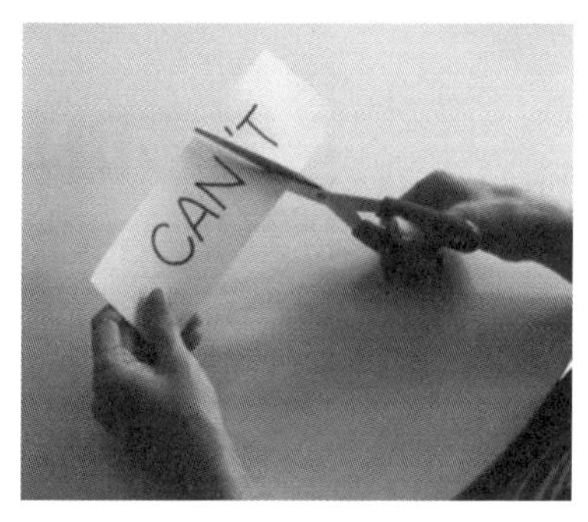

죽음마저 살해하는 용기

Mut, sogar den Tod zu töten

#용기 #동정 #죽음 #강력한 살인자

▶ 용기는 가장 강력한 살인자다. 누군가를 공격하는 용기는 동정도 살해해 버린다. 동정은 가장 깊은 심연임에도 말이다. 인간은 삶을 깊게 관찰하는 것처럼 고통 역시 깊게 관찰한다.

하지만 용기는 가장 강력한 살인자다. 누군가를 공격하는 이 용기는 죽음마저 살해한다. 용기는 이렇게 말하기 때문이다. "그것이, 그것이 삶이었단 말인가? 좋다! 한 번 더!"

"War das das Leben? Wohlan! Noch Ein Mal!"

● 『차라투스트라는 이렇게 말했다』

check

위대한 이에게 고통이 찾아온다

save

Der Schmerz sucht die großartigsten Menschen auf

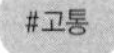

#고통 #자기 고문 #위로

▶ 한 위대한 철학자가 우울증적인 자기 고문에 사로잡혀 있다면, 그는 스스로를 위로하기 위해 이렇게 이야기할 것이다.

"이 기생충을 먹이고 기르는 것은 네 자신의 위대한 강함이니, 힘이 부족했다면 고통 또한 적었으리라."

"Es ist deine eigene grosse Kraft, von der dieser Parasit sich nährt und wächst; wäre sie geringer, so würdest du weniger zu leiden haben."

● 『인간적인, 너무나 인간적인』

check

□

060

병이 전해 준 지혜

Eine Weisheit, die dir das Leid überbracht hat

#병 #자기 성찰 #깨달음 #지혜

▶ 병에 걸려 침대에 누워 있는 사람은 때로 깨닫게 된다. 자신이 일할 때나 사회생활을 할 때도 이미 병에 걸려 있었으며, 자신에 대해 신중하게 생각할 순간을 잃어버렸었다는 사실을 말이다. 병으로 말미암아 어쩔 수 없이 주어진 여가 시간이 그에게 이러한 지혜를 전해 주었다.

Dass er für gewöhnlich an seinem Amte, Geschäfte oder an seiner Gesellschaft krank ist und durch sie jede Besonnenheit über sich verloren hat.

● 『인간적인, 너무나 인간적인』

출퇴근길 지하철에서나 버스 안에서 모두의 시선은 오로지 하나에 집중되어 있다. 바로 현대인에게 없어서는 안 될 필수품인 스마트폰이다. 예전처럼 종이 신문을 보는 사람도 책을 보는 사람도 극히 드물다. 스마트폰이라는 작은 세상에 인터넷 신문과 전자책을 비롯한 모든 것들이 들어있으니 휴대폰 하나면 신문이나 책 같은 것을 번거롭게 휴대할 필요가 없는 것이다.

잠시라도 떨어져 있으면, 또 접속하지 못하면 불안해지는, 우리는 어느덧 스마트폰과 한 몸이 된 세상에서 살고 있다. 필자 역시 스마트폰의 늪에서 자유로울 수 없기에 이를 부정할 수 없다. 스마트폰 세상 속에 있는 온갖 유혹에 시달리고 있는 현대인들은 조용히 사색할 시간이 필요하다. 그러나 아침부터 밤까지 바쁘게 움직이는 우리에게 그런 시간은 쉽게 허락되지 않는다. 니체의 말처럼, 어쩌면 병석에 눕고 나서야 가능한 일인지도 모른다. 나 자신을 돌아보며 스스로에게 온전히 몰입할 시간이 절실히 필요한 요즘이다. 그러한 시간은 분명 우리에게 지나온 시간을 되돌아보며 더 나은 내일을 준비할 힘이 되어줄 것이다.

check

□

061

나를 죽이지 못하는 것

Was mich nicht töten kann

save

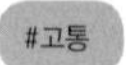

#고통 #극복

▶ 나를 죽이지 못하는 것은 나를 더욱 강하게 만든다.

Was mich nicht umbringt, macht mich stärker.

● 『우상의 황혼』

check

□

062

역경을 딛고 항해하다

Segeln durch Widrigkeiten

save

#위로 #배움 #발견하는 법

▶ 찾아내는 일에 지친 이후
나는 발견하는 법을 배웠다.
반대편에서 불어오는 바람이 나를 막은 이후
나는 모든 바람을 타고 항해하게 되었다.

Seit mir ein Wind hielt Widerpart,
Segl' ich mit allen Winden.

● 『즐거운 학문』

니체가 '고통과 위로'에 관해 말을 전하다

check □

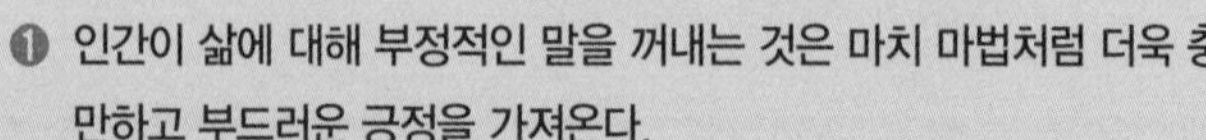

❶ 인간이 삶에 대해 부정적인 말을 꺼내는 것은 마치 마법처럼 더욱 충만하고 부드러운 긍정을 가져온다.

❷ 오늘날에는 병을 주는 자가 그 어떤 의사나 '구원자'보다 오히려 우리에게 더 필요한 듯싶다.

❸ 너 자신의 것이라고 해도 너무 많은 것을 짊어지기는 어렵다!

❹ 이제 네가 가진 가장 부드러운 것 또한 가장 단단한 것이 되어야 한다.

❺ "그것이, 그것이 삶이었단 말인가? 좋다! 한 번 더!"

❻ "이 기생충을 먹이고 기르는 것은 네 자신의 위대한 강함이니, 힘이 부족했다면 고통 또한 적었으리라."

❼ 나를 죽이지 못하는 것은 나를 더욱 강하게 만든다.

❽ 반대편에서 불어오는 바람이 나를 막은 이후 나는 모든 바람을 타고 항해하게 되었다.

Part 5

니체가 '예술과 창조'에 관해 말하다

니체가 '신'처럼 숭배하고 헌신했던 바그너, 결국 그와 함께했던 행복한 시간과 결별하다

#예술 #바그너 #쇼펜하우어 #『비극의 탄생』 #고대 그리스 비극 #바이로이트 음악축제 #귀족적 #퇴폐스러움 #파르지팔 #『바그너의 경우』

▶ 그의 여러 저작에서 확인할 수 있듯, 니체는 예술에 지대한 관심을 지니고 있었다. 어린 시절에는 실제로 가곡 등을 작곡하기도 했다고 한다. 그런 그가 살면서 가장 깊은 관계를 맺은 음악가를 하나 꼽자면 바그너를 들 수 있을 것이다. 1868년, 지인의 소개로 바그너 부부와 처음 만난 니체는 그의 음악과 사상에 깊게 매료되고 말았다. 이 시기 니체는 쇼펜하우어의 사상을 접하고 그에게 큰 영향을 받고 있었다. 바그너 역시 쇼펜하우어 사상에 대해 조예가 깊었다. 생각이 비슷했던 두 사람은 빠르게 가까워졌다. 특히 니체는 바그너에게 아주 큰 영향을 받았다. 바그너에게 헌정한 작품이었던 『비극의 탄생』을 비롯한 니체의 초기작에는 바그너가 니체에게 끼친 영향이 잘 드러나 있다. 『비극의 탄생』에서 니체는 예술이 지향해야 할 예술로서 고대 그리스 비극을 꼽았다. 동시에 바그너의 음악이 그리스 비극과 같은 역할을 할 수 있다고 보았다.

그러나 니체는 점차 바그너와 멀어지게 된다. 니체는 1876년 처음

열린 바그너의 음악제 '바이로이트 음악 축제'에 참석했는데 귀족적이고 퇴폐스러운 분위기에 실망감을 느끼게 된다. 니체는 바그너의 작품에서 점차 전체주의적, 기독교적, 반유대적 성향을 느끼기 시작했고, 특별히 바그너의 마지막 작품인 〈파르지팔〉은 완전히 기독교적이라는 생각을 가지게 된다. 니체는 결국 바그너에게 결별을 선언한다. 한때 그 누구보다 열렬히 바그너를 찬양했던 니체는 『바그너 대 니체』, 『바그너의 경우』 등의 저서에서 바그너를 신랄하게 비판하게 된다. 『바그너의 경우』에서 니체는 바그너가 "음악을 병들게 했다."라고까지 말한다. 두 사람의 관계는 변화했지만, 바그너가 없었더라면 니체의 사상 역시 지금과는 상당히 다른 모습으로 남았을 것이다.

▲ 독일의 작곡가 바그너는 종합 예술인 '악극'을 최초로 만든다. 니체는 바그너에게 큰 영향을 받아 『비극의 탄생』을 헌정하기도 한다. 하지만 결국 니체는 바그너에게 실망하고, 그를 신랄하게 비판한다.

▲ 독일 베를린에 있는 티어가르텐 공원 안에는 바그너 동상이 있다. 이 그림은 독일의 화가 안톤 폰 베르너가 1908년 바그너 동상 제막식 광경을 그린 작품이다. 현재 베를린 현대미술관에 전시되어 있다.

▶ 예술 작품과 함께하는 것은 와인과 함께하는 것과 같다. 더 좋은 방안은 두 가지 모두를 필요로 하지 않는 것이다. 물에 의존하며, 영혼의 불꽃과 달콤함에서 나오는 물을 와인으로 바꾸고 또 바꾸어 나가는 것이다.

● 『인간적인, 너무나 인간적인』

Noch besser ist es wenn man beide nicht nöthig hat, sich an Wasser hält und das Wasser aus innerem Feuer, innerer Süsse der Seele immer wieder von selber in Wein verwandelt.

▶ 아마 우리에게 가장 좋은 예술은 옛 시대로부터 전해진 것이며, 지금은 직접적인 방법으로는 이에 이르기가 어려울 것이다. 하지만 태양이 이미 져 버렸대도, 우리 삶의 하늘은 눈부시게 빛난다. 만일 우리가 더 이상 볼 수 없게 되더라도 하늘은 계속해서 빛을 비출 것이다.

● 『인간적인, 너무나 인간적인』

Nicht um sich daran festzuhalten, sondern um die Vorstellung der Sicherheit für das Auge zu erwecken – so bedarf man als Jüngling solcher Personen, welche uns unbewusst den Dienst jenes Geländers erweisen.

check

□

063

천재가 되기 위해 1

Um ein Genie zu werden 1

#재능 #노력 #천재 #신중함

▶ 오로지 재능과 천부적 자질에 대해서만 말하지 말라. 타고난 재능이 거의 없었던 위대한 인물들의 많은 이름을 언급할 수도 있다. 하지만 그들은 위대해졌으며, 소위 말하는 '천재'가 되었다. (…) 그들 모두는 숙련된 수공업자와 같은 신중함을 지니고 있었다. 그들은 전체를 만들기 전에 우선 일부분을 완벽하게 만드는 법을 배웠다. 그들은 자그맣고 사소한 것들을 잘 만드는 데에 시간을 더 들였다. 그들에게는 눈부신 전체가 주는 감명보다 사소한 것들이 더 흥미로웠기 때문이다.

Sie gaben sich Zeit dazu, weil sie mehr Lust am Gutmachen des Kleinen, Nebensächlichen hatten, als an dem Effecte eines blendenden Ganzen.

● 『인간적인, 너무나 인간적인』

check

□

064

천재가 되기 위해 2

Um ein Genie zu werden 2

save

#재능 #노력 #위대한 소설가 #연습

▶ 예를 들면, 위대한 소설가가 될 수 있는 방법은 쉽게 알려 줄 수 있다. 하지만 이는 "내게는 충분한 재능이 없다."라고 말할 때 습관적으로 간과되곤 하는 그 자질이 있다고 상정하는 것이다. (…) 이러한 다양한 연습으로 수십 년을 보내면 습작실에서 쓴 것들이 사람들 앞에 나타나도 괜찮다. 하지만 대부분은 어떻게 하는가. 그들은 일부분부터 시작하지 않고 전체부터 시작하려 든다.

Sie fangen nicht mit dem Theile, sondern mit dem Ganzen an.

● 『인간적인, 너무나 인간적인』

check

□

065

음악으로 누리는 자유

Freiheit durch Musik

save

#음악 #자유 #철학적

▶ 사람들은 알까, 음악이 정신을 자유롭게 한다는 사실을? 생각에 날개를 달아 주고, 더욱 음악적인 사람이 될수록 더욱 철학적인 사람이 된다는 것을?

Hat man bemerkt, dass die Musik den Geist frei macht?

● 『바그너의 경우』

철학자, 교수, 고대 문헌학자, 시인……. 니체의 이름 앞에 붙는 수식어는 다양하다. 다방면에서 특출한 재능을 보였던 니체는 작곡과 피아노 연주 실력 또한 뛰어났다. 특히 당대 음악가였던 바그너와 교류하며 두터운 친분을 쌓기도 했다. 오늘날 예술의 양식을 규정하는 기준이 되는 아폴론적인 것(조형예술의 원리)과 디오니소스적인 것(음악의 원리)의 조화, 즉 그리스 비극의 정신을 바그너의 음악에서 보았기 때문이다. 고대 문헌학자이기도 한 니체는 문헌학 연구를 통해 그리스 비극의 정신이야말로 진정한 문화 창조의 원천이라는 것을 깨달았던 것이다. 아폴론적인 것은 질서와 균형, 디오니소스적인 것은 무질서 속에서 발현되는 원시적인 에너지, 도취를 뜻한다. 니체는 디오니소스를 추구했지만 예술은 디오니소스와 아폴론적인 것이 조화를 이룰 때 비로소 완성이 된다고 믿었기에 바그너의 음악에 매료될 수밖에 없었던 것이다. 그리스와 고대 비극에 관심이 많았던 니체에게 고대 유럽의 신화를 소재로 한 바그너의 악극은 두 사람을 이어주는 연결고리가 되었다.

니체는 바그너의 음악이야말로 그리스 비극의 정신을 부흥시킨 위대한 예술이라 숭배하며 그에 대한 헌정으로 『비극의 탄생』(1872)라는 작품을 남겼다. 그러나 훗날 바그너는 니체가 그토록 경멸하던 반유대주의적 경향을 보이며 그리스도교에 점점 심취했기에 니체는 그와 절연하며 그를 비판하는 『바그너의 경우』(1888)와 『니체 대 바그너』(1889)라는 작품을 남겼다. 결론적으로 두 사람의 관계는 깨지고 말았지만 바그너가 니체의 철학 형성에 지대한 영향을 미친 것은 부정할 수 없는 사실이다.

check

□

066

좋은 작가의 조건

Voraussetzung eines guten Schriftstellers

#좋은 작가 #글쓰기 #글

▶ 좋은 작가들은 두 가지 공통점을 지닌다. 그들은 경탄의 대상이 되기보다는 이해받기를 원하며, 아주 날카롭고 예민한 독자를 위해 글을 쓰지 않는다.

Sie ziehen vor, lieber verstanden als angestaunt zu werden; und sie schreiben nicht für die spitzen und überscharfen Leser.

● 『인간적인, 너무나 인간적인』

check
□

067

초대의 기술

Die Kunst der Einladung

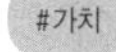 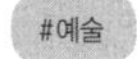 #가치 #예술 #까다로운 예술가

save

▶ 배고픈 사람에게는 아주 괜찮은 식사라 할지라도 가장 조악한 음식보다 하등 나을 이유가 없다. 그래서 까다로운 예술가는 배고픈 사람을 자신의 식사에 초대할 생각도 하지 않는다.

So wird der anspruchsvollere Künstler nicht darauf denken, den Hungrigen zu seiner Mahlzeit einzuladen.

● 『인간적인, 너무나 인간적인』

check

□

068

예술과 와인

Kunst und Wein

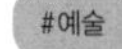 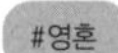 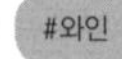

save

▶ 예술 작품과 함께하는 것은 와인과 함께하는 것과 같다. 더 좋은 방안은 두 가지 모두를 필요로 하지 않는 것이다. 물에 의존하며, 영혼의 불꽃과 달콤함에서 나오는 물을 와인으로 바꾸고 또 바꾸어 나가는 것이다.

Noch besser ist es wenn man beide nicht nöthig hat, sich an Wasser hält und das Wasser aus innerem Feuer, innerer Süsse der Seele immer wieder von selber in Wein verwandelt.

● 『인간적인, 너무나 인간적인』

check

□

069

가장 좋은 예술

Die beste Kunst

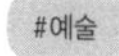
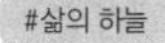
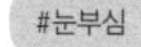

save

▶ 아마 우리에게 가장 좋은 예술은 옛 시대로부터 전해진 것이며, 지금은 직접적인 방법으로는 이에 이르기가 어려울 것이다. 하지만 태양이 이미 져 버렸대도, 우리 삶의 하늘은 눈부시게 빛난다. 만일 우리가 더 이상 볼 수 없게 되더라도 하늘은 계속해서 빛을 비출 것이다.

Die Sonne ist schon hinuntergegangen, aber der Himmel unseres Lebens glüht und leuchtet noch von ihr her, ob wir sie schon nicht mehr sehen.

●『인간적인, 너무나 인간적인』

check

☐

070

작가와 독자의 '동상이몽'

Schriftststeller, Leser und ihre unterschiedlichen Ziele

#작가 #독자 #작품 주제 #예시

▶ 작가와 독자는 꽤 자주 서로를 이해하지 못한다. 작가는 자신이 쓴 주제에 대해 이미 너무 많은 것을 알기 때문에 이것이 대부분 지루하다고 생각한다. 결국 그는 자신이 아는 수백 개의 예시를 쓰지 않게 된다. 반면 독자는 그 주제를 너무 낯설게 여긴다. 그래서 예시를 주지 않으면 이를 제대로 설명해 내지 못한다.

Der Leser und der Autor verstehen sich häufig desshalb nicht.

● 『인간적인, 너무나 인간적인』

check

□

071

'잘 들리는 것'도 중요하다

Auch gut zu hören ist wichtig

#음악 #연주 #잘 들리는 방법

▶ 사람들은 잘 연주하는 법뿐 아니라 연주가 잘 들릴 수 있도록 하는 방법 역시 알아야 한다. 가장 위대한 연주자가 든 바이올린이라 할지라도 그 장소가 너무 넓다면 벌레가 울어 대는 소리밖에 내지 못한다. 사람들은 위대한 연주자를 아마추어로 착각할 수도 있다.

Die Geige in der Hand des grössten Meisters giebt nur ein Gezirp von sich, wenn der Raum zu gross ist.

● 『인간적인, 너무나 인간적인』

check

□

872

음악을 좋아한다는 것

Musik zu mögen

save

#음악 #예술 #달빛 #밝혀 주다

▶ 지금 음악을 좋아하고 앞으로도 음악을 좋아하리라는 것은 마치 우리가 달빛을 계속 좋아하리라는 것과 같다. 음악과 달빛은 모두 태양을 밀어내려 하지 않는다. 그저 우리의 밤을 최선을 다해 밝혀 주려고 노력할 뿐이다.

Sie wollen nur, so gut sie es können, unsere Nächte erhellen.

● 『인간적인, 너무나 인간적인』

check

□

073

예술과 현실의 관계

Die Beziehung zwischen Kunst und Realität

#예술 #현실 #삶 #모방

▶ 삶이 실제로 매우 비극적이라는 사실은 예술 형식의 기원을 명백히 밝혀 주지 못한다. 예술은 실재하는 현실의 모방일 뿐만 아니라 현실을 극복하기 위해 그 옆에 세워진 현실의 형이상학적 보조물이기도 하다.

Denn dass es im Leben wirklich so tragisch zugeht, würde am wenigsten die Entstehung einer Kunstform erklären.

● 『비극의 탄생』

check

□

074

작가의 역설

Paradoxon des Autors

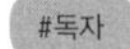

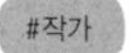

#작가의 역설 #불쾌함

▶ 독자의 불쾌감을 유발하곤 하는, 소위 말하는 작가의 역설은 대체로 책이 아니라 독자의 마음속에 존재한다.

Die sogenannten Paradoxien des Autors, an welchen ein Leser Anstoss nimmt, stehen häufig gar nicht im Buche des Autors, sondern im Kopfe des Lesers.

● 『인간적인, 너무나 인간적인』

좋은 책이란 무엇인가에 대해 진지하게 생각해본 적이 있다. 다른 사람들이 아무리 좋다고 한들, 또 제아무리 베스트, 스테디셀러라는 이름을 달고 서점의 가장 좋은 자리에서 위용을 빛낸다 한들 내 머리와 마음에 가닿지 못한다면, 그리하여 나를 조금도 움직이지 못한다면 무슨 소용이 있으랴. 그러므로 필자가 생각하는 좋은 책이란 머리와 마음을 움직이게 하는 것, 불쾌함이든 유쾌함이든 여러 가지 감정과 질문을 유발하며 끊임없는 생각의 구름을 피워내게 하는 것이다. 어느 작가의 책을 읽고 불쾌해졌다고 해서 그 작가를, 책을 나쁘다고 평가한다면 그는 아마도 책을 제대로 받아들일 준비가 안 된 사람일 것이다. 그가 읽은 책이 그의 안에 있던 감정을 건드렸기에 불쾌함이 유발된 것이다. 내 안에 잠재된 감정에 가닿아 움직이게 만든 고마운 책을 그저 불쾌하다며 외면해서야 되겠는가. 불쾌함은 우리 모두가 알고 있지만 애써 외면하고 싶은 진실이, 우리 내부에 감춰진, 남들에게 들키고 싶지 않은 수치스러운 것들이 외부로 드러날 때 유발되는 감정이다. 그러므로 불쾌함이 유발된다는 것을 꼭 부정적으로 볼 필요는 없는 것이다. 불쾌함은 가능한 한 우리가 직면하고 싶지 않은 감정이겠지만, 내 안에 잠재된 불쾌함을 자극해 끌어내준 책이 있다면 기꺼이 받아들이며 고마워해야 한다는 사실을 잊지 말자.

check

□

075

새로운 세계가 탄생하다

Eine neue Welt wird erschaffen

#비극 #오이디푸스 #새로운 세계

▶ 고귀한 오이디푸스는 죄를 짓지 않았다. 그의 행동은 모든 법과 모든 자연의 질서와 모든 도덕적 세계를 초토화시켰다. 하지만 그의 행동은 한 차원 높은 마법 같은 결과의 연쇄를 이끌어 냈으며, 무너진 오랜 폐허 위에 새로운 세계가 탄생했다.

Durch dieses Handeln wird ein höherer magischer Kreis von Wirkungen gezogen, die eine neue Welt auf den Ruinen der umgestürzten alten gründen.

● 『비극의 탄생』

check

☐

076

자신의 피로 글을 쓰라

Schreib mit eigenem Blut

#쓰기 #읽기 #독자 #피로 쓴 것

▶ 나는 모든 글 중에서 오직 자신의 피로 쓴 것만 사랑한다. 피로 써라. 그러면 당신은 피가 곧 정신임을 알게 될 것이다.

다른 사람의 피를 이해하는 것은 쉽지 않은 일이다. 그래서 나는 글을 읽는 게으름뱅이들을 싫어한다. 독자를 잘 아는 자라면 독자를 위해 더는 아무것도 하지 않을 것이다. 100년 동안 글을 읽어 온 독자는 정신 그 자체가 썩는 냄새를 풍길 것이다. 모든 사람이 읽는 것을 배우게 된다면, 결국에는 쓰는 것뿐만 아니라 생각 자체가 썩고 말 것이다.

Von allem Geschriebenen liebe ich nur Das, was Einer mit seinem Blute schreibt.

● 『차라투스트라는 이렇게 말했다』

check

'말'이라는 섬세한 생명체

Das zarte Wesen namens Sprache

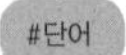

#섬세함

▶ 말(word)이란 섬세한 존재여서,

금방 아팠다가 또 곧바로 낫는다.

그 작은 생명이 스스로 살아가도록 내버려 두고

잡아 들 땐 가볍고 우아하게 해야 하며,

서툴게 건드리거나 짓눌러서는 안 된다.

악하게 보는 것만으로 죽어 버리기 때문이다.

Doch bleibt das Wort ein zartes Wesen,

Bald krank und aber bald genesen.

●「말」

check

□

078

시의 세계

Welt der Poesie

#시

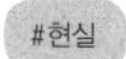
#현실

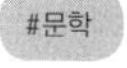
#문학

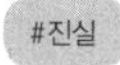
#진실

save

▶ 시의 세계는 이 세상 바깥에 있는 것이 아니고, 시인의 뇌에서 나온 비현실적인 망상도 아니다. 시의 세계는 오히려 정반대에 있다. 시란 꾸미지 않은 진실을 드러낸다. 그렇기에 시는 문명인들이 현실로 믿고 있는 거짓을 없애 버려야 한다.

Die Sphäre der Poesie liegt nicht ausserhalb der Welt, als eine phantastische Unmöglichkeit eines Dichterhirns.

● 『비극의 탄생』

check

□

079

'시인'의 정의

Die Bestimmung des Dichters

save

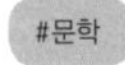

#문학 #시 #시인이란

▶ 기본적으로 미학적 현상은 간단하다. 계속해서 생생한 움직임을 볼 수 있는 자, 계속해서 주위를 감싸고 있는 유령들과 살아갈 수 있는 자가 바로 시인이다.

Man habe nur die Fähigkeit, fortwährend ein lebendiges Spiel zu sehen und immerfort von Geisterschaaren umringt zu leben, so ist man Dichter.

● 『비극의 탄생』

check

창조자가 되려면

Wenn man ein Schöpfer werden will

#창조 #가치의 변화 #파괴

▶ 창조자들이여, 이 말을 들어야 한다! 가치의 변화…… 그것은 바로 창조자의 변화다. 창조자가 되려는 사람은 언제나 파괴할 수밖에 없다.

Immer vernichtet, wer ein Schöpfer sein muss.

● 『차라투스트라는 이렇게 말했다』

니체가 '예술과 창조'에 관해 말을 전하다

check ☐

❶ 사람들은 알까, 음악이 정신을 자유롭게 한다는 사실을?

❷ 까다로운 예술가는 배고픈 사람을 자신의 식사에 초대할 생각도 하지 않는다.

❸ 작가와 독자는 꽤 자주 서로를 이해하지 못한다.

❹ 가장 위대한 연주자가 든 바이올린이라 할지라도 그 장소가 너무 넓다면 벌레가 울어 대는 소리밖에 내지 못한다.

❺ 독자의 불쾌감을 유발하곤 하는, 소위 말하는 작가의 역설은 대체로 책이 아니라 독자의 마음속에 존재한다.

❻ 나는 모든 글 중에서 오직 자신의 피로 쓴 것만 사랑한다.

❼ 시의 세계는 이 세상 바깥에 있는 것이 아니고, 시인의 뇌에서 나온 비현실적인 망상도 아니다.

❽ 창조자가 되려는 사람은 언제나 파괴할 수밖에 없다.

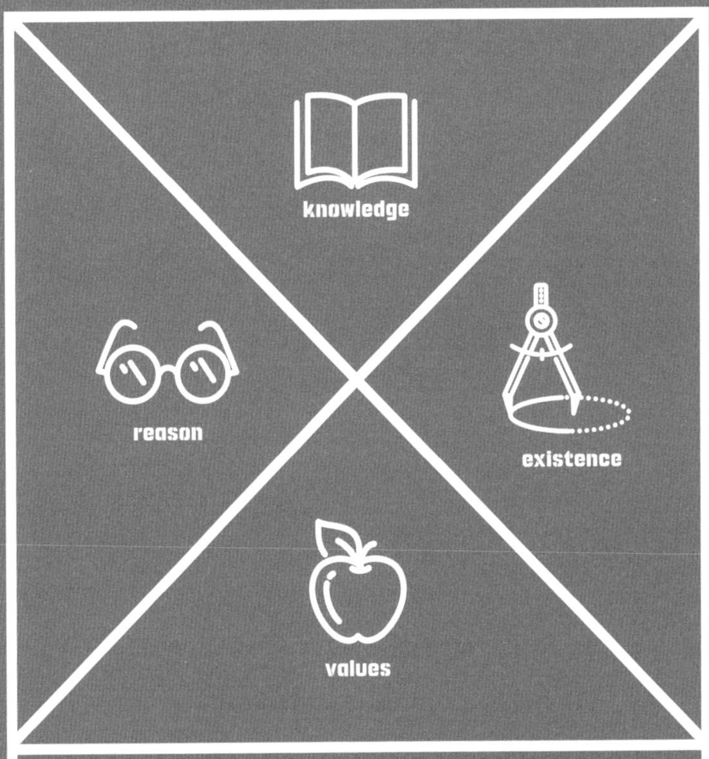

Part 6

니체가 '의지와 용기'에 관해 말하다

'반유대주의'에 빠진 엘리자베스 때문에 니체의 메시지가 오해에 둘러싸여 왜곡되다

#엘리자베스 #『권력에의 의지』 #나치 사상 #니체에 대한 오해 #우생학 #수동적 허무주의 #능동적 허무주의 #힘에의 의지 #파시즘

▶ 나치에 흠뻑 빠져 있었던 니체의 여동생 엘리자베스는 니체의 글들을 모아 자의적으로 짜깁기한 책을 발표했다. 이 책의 제목이 바로 『권력에의 의지』다. 니체가 세상을 떠난 이듬해인 1901년 최초로 발간된 이 책은 니체의 의지와는 상관없이, 나치 사상을 정당화하는 이론으로 사용되었으며 니체를 향한 오해를 증폭시키는 역할을 했다. 니체에 대해 자세히 알지 못하는 이들은 '권력에의 의지'라는 개념을 우월한 아리아인이 열등한 이들, 즉 유대인, 성소수자 등을 지배해야 한다는 나치의 우생학과 비슷한 개념으로 오해하기도 했다.

그러나 애초에 니체가 말한 '권력에의 의지'는 나치의 사상과는 전혀 다른 개념이었다. 니체는 허무주의를 두 가지로 나누어 설명한다. 하나는 스스로를 더 나은 존재로 만들려는 의지조차 없는 수동적 허무주의이며, 다른 하나는 허무한 현실을 넘어서 새로운 가치를 창조하는 능동적 허무주의다. 이 책에서 말하는 의지란, 수동적 허무주의를 경계하고 이를 극복할 수 있도록 하는 의지였다. 니체가 생각하는 삶이란,

이 '의지'를 통해 계속해서 자기자신을 넘어설 수 있도록 하는 과정이었다.

이런 상황에서 '권력에의 의지' 대신 '힘에의 의지', 혹은 '힘 의지' 등의 표현을 사용하려는 움직임이 국내에서 일고 있다. 'Macht'라는 원문은 권력, 힘 등을 모두 포함하는 말이며, '권력'이라는 말이 주는 부정적 뉘앙스가 니체를 둘러싼 오해를 증폭시켜 왔기 때문이다. 그러나 니체가 파시즘 등에 미친 분명한 영향이 있으며, '권력'이라는 말이 보다 정확한 번역이라는 주장 역시 여전하다. 어떤 표현을 사용하든, 니체가 전하고자 했던 메시지를 왜곡하거나 오독하는 일은 없어야 할 것이다.

▲ 니체의 여동생 엘리자베스는 남편의 영향으로 극우주의에 심취한다. 그녀는 니체의 글들을 짜깁기해서 『권력에의 의지』를 발표한다. 이 책으로 말미암아 니체는 나치즘의 시초라는 오해를 받게 된다.

▲ 나치 정권은 니체의 사상을 통해 나치즘의 극단적인 인종주의와 전체주의를 합리화하려 한다. 또한 이들은 니체를 나치즘의 철학자로 선전한다. 니체의 사상이 나치즘에 영향을 준 것은 맞지만, 니체의 철학과 히틀러의 생각이 같다고 보기는 어렵다.

▶ 너는 위대함으로 향하는 너의 길을 간다. 네 뒤에는 더는 길이 없다는 사실이 너를 위한 가장 큰 용기가 되어야 한다!

너는 위대함으로 향하는 너의 길을 간다. 몰래 네 뒤를 밟는 사람은 여기에 아무도 없어야 한다! 네 발은 스스로 네 뒤에 남겨진 길을 지워 버렸다. 그 길 위에는 '불가능'이라는 말이 쓰여 있었다.

● 『차라투스트라는 이렇게 말했다』

Dein Fuss selber löschte hinter dir den Weg aus, und über ihm steht geschrieben: Unmöglichkeit.

▶ 우리는 비틀거리고 있지만, 불안해할 필요도, 새로 얻은 무언가를 포기할 필요도 없다. **타고 온 배를 불태워 버렸으니 다시 낡은 것으로 돌아갈 수도 없다.** 이런 결과가 나오든 저런 결과가 나오든 할 테니, 우리에게는 용감해지는 일만 남아 있을 뿐이다. **그저 걷다 보면 진척이 있을 것이다. 어쩌면 그런 우리의 모습이 진보처럼 보일 수도 있다.**

● 『인간적인, 너무나 인간적인』

Es bleibt nur übrig, tapfer zu sein, mag nun dabei diess oder jenes herauskommen.

check

□

081

원하는 것이 무엇인가

Was ist es, das du willst

#의지 #깨달음 #원하는 것

▶ 동행하기를 원하는가? 아니면 먼저 가기를 원하는가? 혹은 혼자 가기를 원하는가? …… 스스로 무엇을 원하는지 알아야 하며, 스스로 이것을 원하고 있다는 사실을 알아야 한다.

Man muss wissen, was man will und dass man will.

● 『우상의 황혼』

check

□

082 항해 끝에 닿는 곳

Der Ort am Ende einer Seefahrt

save

#인간 #인간들의 미래 #용기 #인내심

▶ '인간'이라는 대륙을 발견한 사람은 '인간들의 미래'라는 대륙 역시 발견했다. 이제 너희는 바다를 항해해야만 한다. 용감하고 인내심 강한 항해자가 되어야 한다!

Nun sollt ihr mir Seefahrer sein, wackere, geduldsame!

● 『차라투스트라는 이렇게 말했다』

check

☐

083

'불가능'을 지워 버리자

Was hektisches Verhalten ist

#용기 #위대함 #불가능

▶ 너는 위대함으로 향하는 너의 길을 간다. 네 뒤에는 더는 길이 없다는 사실이 너를 위한 가장 큰 용기가 되어야 한다!

너는 위대함으로 향하는 너의 길을 간다. 몰래 네 뒤를 밟는 사람은 여기에 아무도 없어야 한다! 네 발은 스스로 네 뒤에 남겨진 길을 지워 버렸다. 그 길 위에는 '불가능'이라는 말이 쓰여 있었다.

Dein Fuss selber löschte hinter dir den Weg aus, und über ihm steht geschrieben: Unmöglichkeit.

● 『차라투스트라는 이렇게 말했다』

문득 미국의 시인 로버트 프로스트(Robert Frost, 1874-1963)의 시,

「가지 않은 길(The Road not Taken)」이 떠오른다. 시 속의 화자는 어느 날 숲 속에서 두 갈래의 길을 만나 고민에 빠진다. 과연 어느 길로 가야 할 것인가. 결국 화자는 가지 않은 길은 훗날을 위해 남겨둔다며 사람이 적게 다닌 길을 택한다. 그리고 그 선택이 자신의 모든 것을 바꿔 놓았다며 회상하듯 끝을 맺는다. 인생은 끊임없는 선택의 연속이라는 것을, 인생에 있어 후회되지 않는 길은 없다고, 다만 덜 후회되는 길을 가야 하는 거라고, 그 길 역시 스스로가 만들어야 한다는 인생의 진리를 가르쳐주는 이 시는 오랜 세월이 흘러도 많은 사람들의 가슴속에 남아 있다. 인생은 선택의 연속이자 책임의 연속이다. 불가능이란 단어를 지우고 스스로의 길을 선택하며 그 길에 책임을 질 줄 아는 한 우리의 인생은 분명 덜 후회되는, 최선의 삶이 될 것이다.

▲ 로버트 프로스트

check

□

084

독수리의 눈과 발톱으로

Mit den Augen und Krallen eines Adlers

#용기 #심연

▶ 독수리의 눈으로 심연을 바라보는 자. 독수리의 발톱으로 심연을 움켜쥐는 자. 그가 바로 용기를 지닌 자다.

Der hat Muth.

● 『차라투스트라는 이렇게 말했다』

check

더 나아지는 것

Etwas besseres

save

#진보 #용기 #용감해지다 #진척

▶ 우리는 비틀거리고 있지만, 불안해할 필요도, 새로 얻은 무언가를 포기할 필요도 없다. 타고 온 배를 불태워 버렸으니 다시 낡은 것으로 돌아갈 수도 없다. 이런 결과가 나오든 저런 결과가 나오든 할 테니, 우리에게는 용감해지는 일만 남아 있을 뿐이다. 그저 걷다 보면 진척이 있을 것이다. 어쩌면 그런 우리의 모습이 진보처럼 보일 수도 있다.

Es bleibt nur übrig, tapfer zu sein, mag nun dabei diess oder jenes herauskommen.

● 『인간적인, 너무나 인간적인』

check

□

086

더 '높이' 자라다

Noch höher wachsen

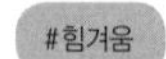

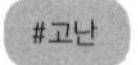

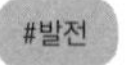

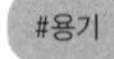

▶ 언제나 너희 중 더 많은, 더 나은 자들이 무릎을 꿇어야만 한다. 더 나쁘고 힘겨워져야만 한다. 그렇게 해야만, 그렇게 해야지만, 인간은 번개를 맞고 깨질 높이까지 자라날 수 있다. 충분히 번개를 맞을 수 있을 정도로 높게!

So allein wächst der Mensch in die Höhe, wo der Blitz ihn trifft und zerbricht: hoch genug für den Blitz!

● 『차라투스트라는 이렇게 말했다』

check

□

087

스스로의 다리로 가라

Geh persönlich zu der Brücke

#자립 #발전 #높은 곳

▶ 높은 곳으로 가고 싶다면, 스스로의 다리로 올라가야 한다! 다른 사람이 너를 옮기지 못하도록 해야 하고, 다른 사람의 등이나 머리 위에 앉아서도 안 된다!

Wollt ihr hoch hinaus, so braucht die eignen Beine!

● 『차라투스트라는 이렇게 말했다

check

□

088

배우라, 웃음을!

Lerne, zu lachen!

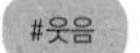

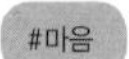

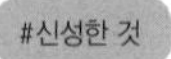

▶ 아직 얼마나 많은 것이 가능한가! 그러니 부디 스스로를 넘어서서 웃는 것을 배우라! 너희 마음을 일으켜 세워라, 너희 훌륭한 춤추는 이들아, 높이! 더 높이! 그리고 훌륭하게 웃는 것도 잊어서는 안 된다!

(…)

나는 웃음이 신성한 것이라고 말했다. 너희 위대한 인간들이여, 배우라! 웃는 것을!

So lernt doch über euch hinweg lachen!

● 『차라투스트라는 이렇게 말했다』

니체는 그의 저서에서 "춤을 추어라."와 "큰 웃음을 지어라."라는 문장을 자주 사용했다. 여기서 춤이라는 것은 "장단에 맞추거나 흥에 겨워 팔다리와 몸을 율동적으로 움직여 뛰노는 동작"이라는 사전적인 의미뿐만 아니라 인간의 본능을 표출하고 억압된 감정을 해방시키는 능동적인 모든 행위를 가리키는 것이다. 니체는 『차라투스트라는 이렇게 말했다』에서 "한 번도 춤추지 않았던 날은 잃어버린 날이라고 생각하는 것이 좋다. 하나의 큰 웃음도 불러오지 못하는 진리는 모두 가짜라고 불러도 좋다."(『곁에 두고 읽는 니체』, p.118, 홍익출판사, 2018.)라고 말하며 춤과 웃음의 중요성을 언급한 바 있다. 몸 안에 자기 긍정의 에너지가 가득한 사람만이 춤을 출 수 있고 마음속에서 우러나오는 진정한 웃음을 지을 수 있는 것이다. 이렇듯 니체가 말하는 춤을 추고 웃음을 짓는 행위는 자기 긍정에서 비롯한 열정과 힘의 표출인 것이다.

check

□

089

타인에게는 물을 수 없는

Es ist unmöglich, andere zu fragen

#갈 길 #도전 #물음

▶ 내가 걸어온 모든 길은 시도하고 묻는 것이었다. 진실로, 너 역시 이러한 질문에 답하는 법을 배워야만 한다.

(…)

"이것이 지금 내가 가는 길이다. 너희의 길은 어디에 있느냐?" 나는 내게 '갈 길'을 묻는 이들에게 이렇게 대답했다. 왜냐하면 그런 길은 없기 때문이다!

"Das — ist nun mein Weg, — wo ist der eure?"

● 『차라투스트라는 이렇게 말했다』

check

□

098

'의지'란 무엇인가

Was ist Wille

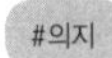

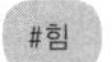

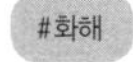

save

▶ 의지, 힘에의 의지는 모든 화해보다 높은 것을 원해야만 한다. 하지만 어떻게 의지에게 이런 일이 일어나는가? 의지가 과거로 돌아가 이를 원하게끔 누군가 가르쳤다는 말인가?

Höheres als alle Versöhnung muss der Wille wollen, welcher der Wille zur Macht ist.

● 『차라투스트라는 이렇게 말했다』

check

□

091

강한 의지가 필요하다

Man braucht einen starken Wille

#의지 #극복 #단단함

▶ 너무나 부드럽고, 너무나 관대하다. 이것들이 너희를 이루는 땅이다! 하지만 나무가 자라려면 단단한 바위에 단단히 뿌리내려야 한다

Aber dass ein Baum gross werde, dazu will er um harte Felsen harte Wurzeln schlagen!

● 『차라투스트라는 이렇게 말했다』

check

□

092

너무 큰 목표를 내세우면

Wenn man zu große Ziele aufstellt

#목표 #위선 #약한 존재

▶ 공개적으로 큰 목표를 세운 후 자신이 이를 이루기에는 너무 약한 존재라는 것을 깨닫는 사람이 있다. 보통 이런 사람들은 공개적으로 목표를 취소할 만한 능력도 없다. 결국 그들은 위선자가 될 수밖에 없다.

Wer sich öffentlich grosse Ziele stellt und hinterdrein im Geheimen einsieht, dass er dazu zu schwach ist, hat gewöhnlich auch nicht Kraft genug, jene Ziele öffentlich zu widerrufen und wird dann unvermeidlich zum Heuchler.

● 『인간적인, 너무나 인간적인』

check

□

093

'자기 행복'이라는 이름으로

Im Namen seines eigenen Glückes

#자기 행복 #노예 근성 #역겨움

▶ 자기 행복이라는 이름으로 자신으로부터 모든 비루함을 떨쳐 낸다. (…) 자기 행복은 스스로를 지키지 않으려는 자, 유독한 침과 악한 눈초리를 꾹 참아 내는 자, 지나치게 너그러운 자, 모든 것을 참아 내는 자, 지나치게 겸소한 자를 미워하고 역겹게 여긴다. 이것들이 바로 노예의 본성이기 때문이다.

Das nämlich ist die knechtische Art.

● 『차라투스트라는 이렇게 말했다』

니체는 그의 저서 『선악의 피안』(1886)에서 '군주도덕'과 '노예도덕'이라는 용어를 사용하며 전자를 권력을 가진 강자가 타인을 지배하는 것, 즉 '권력에의 의지'를 실천하는 초인에게 부과된 도덕이라고 보았다. 반면에 노예도덕은 약자의 도덕으로서 그리스도교의 교리인 사랑과 동정, 평화, 그리고 민주주의와 사회주의가 추구하는 약자의 사상이라 여기며 인간의 수준을 평준화하며 타락시키는 부정적인 것으로 보았다. 주체적이고 능동적인 인간상을 주창했던 니체에게 있어 자발적인 긍정의 의지를 토대로 스스로의 가치를 만들어가며 선과 악을 결정하는 군주도덕이야말로 바람직한 도덕이며, 스스로의 가치를 설정하지 못하고 자신이 갖지 못한 모든 것들을 부정하는 나약한 자들의 본성인 노예도덕은 비판하고 지양해야 할 도덕이었던 것이다. 니체는 인간의 본능을 부정하는 그리스도교가 이러한 노예도덕을 토대로 성장했다고 보았기에 부정할 수밖에 없었던 것이다. 노예도덕에서 벗어나 자기 긍정, 자기 극복 의지를 지닌 군주도덕을 추구하는 자, 이것이 바로 니체가 말하는 가장 이상적인 인간상, '초인'인 것이다.

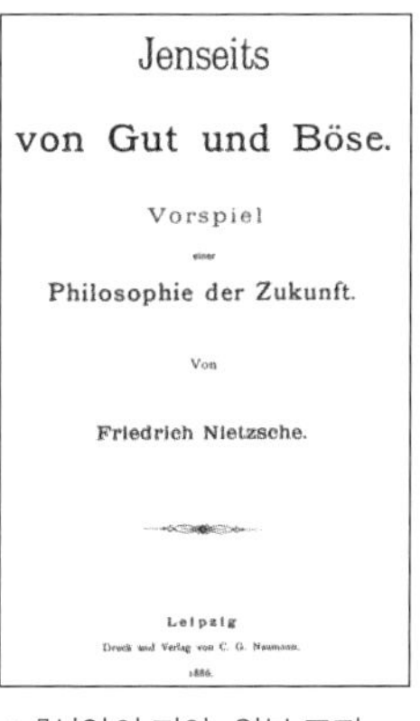
Jenseits
von Gut und Böse.
Vorspiel
einer
Philosophie der Zukunft.
Von
Friedrich Nietzsche.
Leipzig
Druck und Verlag von C. G. Naumann.
1886.

▲ 『선악의 피안』 원본 표지

check

□

094

무엇이 우선인가

Was bedeutet erstmals

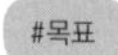

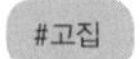

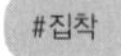

▶ 많은 사람이 그때까지 걸어온 길에 집착하지만, 정작 목표에 집착하는 사람은 거의 없다.

Viele sind hartnäckig in Bezug auf den einmal eingeschlagenen Weg, Wenige in Bezug auf das Ziel.

● 『인간적인, 너무나 인간적인』

check

□

095

우리를 규정하는 것

Was uns definiert

#우리의 사명 #사명 #규칙

▶ 우리의 사명은 우리가 이를 알지 못할 때에도 우리를 규정한다. 바로 미래가 우리의 오늘에 규칙을 부여한다.

Unsre Bestimmung verfügt über uns, auch wenn wir sie noch nicht kennen; es ist die Zukunft, die unserm Heute die Regel giebt.

●『인간적인, 너무나 인간적인』

check
□
096

의지의 힘

Willenskraft

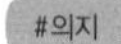

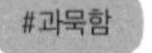

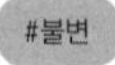

#단단함

▶ 나에게는 절대로 상처 입힐 수 없고, 묻어 버릴 수도 없으며, 바위라도 부술 수 있는 것이 있다. 그것은 바로 나의 의지다. 나의 의지는 과묵하고 변함없이 오랜 세월을 걸어간다.

나의 오랜 의지는 나의 발로 걸어가기를 원한다. 이 의지는 단단해서 상처를 입지 않는다.

Seinen Gang will er gehn auf meinen Füssen, mein alter Wille.

● 『차라투스트라는 이렇게 말했다』

한때 니체의 중심 사상 중 '힘에의 의지'를 단순히 '권력에의 의지'

로 받아들이며 적자생존, 약육강식의 사회진화론을 주장하는 나치즘과 파시즘을 뒷받침하는 근거로 악용되기도 했다. 그러나 니체가 말하는 의지란 권력이나 정치를 향한 의지가 아니다. 물론 니체는 권력의 중요성을 인정했지만, 그것이 니체가 추구하는 근본적인 사상은 아니었다. 니체는 "나에게 절대로 상처 입힐 수 없고, 묻어 버릴 수도 없으며, 바위라도 부술 수 있는, 과묵하고 변함없이 오랜 세월을 나의 발로 걸어가는 것"을 의지라고 본 것이다. 그 누구도 감히 파괴할 수 없는 내 안의 굳은 심지, 나 자신이 내 인생의 주인이 되어 능동적으로 이끌어가는 삶에의 의지를 역설한 것이다. 스스로가 자기 자신의 인생의 주체가 되는 것, 언뜻 당연한 듯 보이지만 결코 쉽지 않은 일이기에 우리는 오늘도, 또 내일도 기뻐하고 슬퍼하며 한 뼘 더 성장해야 하는 것이다.

check

☐

897

아이가 되어야 하는 이유

Der Grund, warum wir Kinder sein müssen

#아이 #창조 #의지 #성스러운 긍정

▶ 하지만 형제들이여, 사자도 하지 못하는 일을 어찌 아이가 할 수 있다는 말인가? 왜 강탈하는 사자는 아이가 되어야만 하는가?

아이는 순진함이며 망각이고, 새로운 출발이자 놀이다. 또한 스스로 돌아가는 수레바퀴이고 첫 움직임이며, 성스러운 긍정이다. 그래, 형제들이여. 창조라는 놀이를 위해서는 성스러운 긍정이 필요하다. 이제 정신은 자신의 의지를 원하고, 세계를 잃은 자는 자신의 세계를 되찾는다.

Seinen Willen will nun der Geist, seine Welt gewinnt sich der Weltverlorene.

● 『차라투스트라는 이렇게 말했다』

호기심 가득한 천진난만한 눈으로 바라보는 어린아이들의 세상은 늘 새롭고 신나고 재밌다. 아이들은 어제를 후회하지 않고 내일을 두려워하지 않으며 오로지 지금 이 순간, 현재에 충실할 뿐이다. 티없이 맑고 순수한 영혼으로 세상을 바라보는 아이들을 보며 니체는 마치 "춤을 추고 있는 것 같다."라고 말한 바 있다. 니체에게 있어 아이들은 창조와 긍정의 표상이며 누구보다 역동적인 삶을 살아가는 존재인 것이다. 니체는 인간이 "낙타에서 사자로, 사자에서 어린아이로 변해야 한다."라고 주장했다. 자율과 자유의 상징으로서 '사자'는 스스로 해야 할 일을 알고 자신의 의지에 따라 행동하는 존재를 대변하며, 등에 무거운 짐을 지고 살아가는 '낙타'는 자신이 왜 그 짐을 짊어져야 하는지도 모른 채 의무감을 갖고 살아가는, 타의와 타율에 지배받는 존재를 뜻한다. 니체가 말한 인간의 최종 목표인 '어린아이'는 현재에 충실하고 스스로가 인생의 주인이 되어 주체적이고 능동적인 삶을 살아가는 존재다. 그 무엇에도 얽매이지 않고, 어떠한 목적에 따라 행동하는 것이 아닌 그저 즐겁기에 마음이 이끄는 대로 움직이며 스스로의 가치를 창조해내는 어린아이야말로 니체가 궁극적으로 추구했던 이상적인 인간상인 '초인'인 것이다.

check

□

098

사자의 의지를 품고

Mit der Willensstärke eines Löwen

save

#자유 #의지 #창조 #너는 해야 한다

▶ 정신이 더는 주인이나 신으로 여기지 않으려 하는 거대한 용은 무엇인가? 그 거대한 용의 이름은 '너는 해야 한다.'다. 하지만 사자의 정신은 "나는 원한다."라고 말한다.

'너는 해야 한다.'는 황금빛 비늘을 번쩍이며 정신이 가려는 길을 가로막는다. 용의 비늘마다 '너는 해야 한다!'는 명령이 금빛으로 빛나고 있다. (…) 아직은 사자도 새로운 가치를 창조해 내지 못한다. 하지만 새로운 것을 만들기 위한 자유를 얻는 일은 사자의 힘이 할 수 있는 일이다. 형제들이여, 자유를 쟁취하고 의무 앞에서도 신성하게 아니라고 말할 수 있기 위해서는 사자가 되어야 한다.

Aber der Geist des Löwen sagt "Ich will."

● 『차라투스트라는 이렇게 말했다』

니체가 '의지와 용기'에 관해 말을 전하다

check
□

❶ 스스로 무엇을 원하는지 알아야 하며, 스스로 이것을 원하고 있다는 사실을 알아야 한다.

❷ 네 발은 스스로 네 뒤에 남겨진 길을 지워 버렸다. 그 길 위에는 '불가능'이라는 말이 쓰여 있었다.

❸ 이제 너희는 바다를 항해해야만 한다. 용감하고 인내심 강한 항해자가 되어야 한다!

❹ 이런 결과가 나오든 저런 결과가 나오든 할 테니, 우리에게는 용감해지는 일만 남아 있을 뿐이다.

❺ 높은 곳으로 가고 싶다면, 스스로의 다리로 올라가야 한다!

❻ "이것이 지금 내가 가는 길이다. 너희의 길은 어디에 있느냐?"

❼ 의지, 힘에의 의지는 모든 화해보다 높은 것을 원해야만 한다.

❽ 나의 오랜 의지는 나의 발로 걸어가기를 원한다.

❾ 이제 정신은 자신의 의지를 원하고, 세계를 잃은 자는 자신의 세계를 되찾는다.

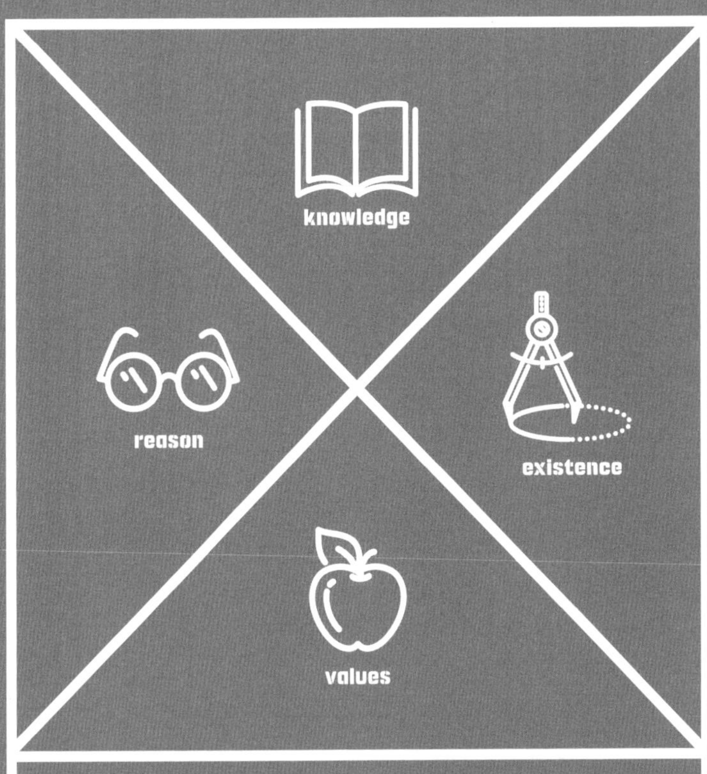

Part 7

니체가 '우정과 사랑, 인간관계'에 관해 말하다

니체 내면의 창조성을 마구 자극하고 니체 인생에서 '유일한 여자'로 남은, 당대 지식인들의 '뮤즈' 루 살로메

#니체의 사랑 #루 살로메 #라이너 마리아 릴케 #지그문트 프로이트 #뮤즈 #파울 레에 #지적 교류 #청혼 #청혼 #청혼 #자유로운 교제

▶ 니체는 자신보다 17세 연하였던 루 살로메(Lou Andreas-Salomé)라는 여성을 열렬히 사랑했다. 살로메는 작가이자 정신분석학자였으며, 니체 외에도 시인 라이너 마리아 릴케(Rainer Maria Rilke), 정신분석학자 지그문트 프로이트(Sigmund Freud) 등에게 많은 영향을 끼쳤다. 니체는 친구였던 철학자 파울 레에를 통해 살로메를 소개받았다. 니체는 지적인데다가 자신의 사상을 이해해주던 살로메를 깊이 사랑했다. 살로메와 니체는 지적인 교류를 나누며 서로에게 영감을 주었다. 그러나 안타깝게도 둘 사이의 감정은 양상이 달랐다.

니체는 살로메와 결혼하기를 원했고 실제로 청혼하기도 했다. 그러나 살로메는 니체에게 육체적인 매력을 느끼지는 않았다. 살로메는 육체적인 교제를 원하는 남성과 지적 교류를 원하는 남성을 철저히 분리했으며, 니체는 후자에 속하는 남성이었다. 살로메는 니체의 청혼을 거절했다. 니체는 큰 상처를 입었고, 실연 탓이라고 할 수 있을지는 모르겠지만 결국 평생 독신으로 살다 죽었다. 한편 살로메는 동양학자 칼 안

드레아스(Friedrich Carl Andreas)와 결혼했는데, 두 사람의 결혼생활도 일반적인 결혼과는 거리가 있었다. 살로메는 성관계를 맺지 않는다는 조건을 내걸고 그와 결혼했고, 다른 남성과 자유롭게 교제했다고 한다. 니체가 세상을 떠난 이후에도 살로메는 여러 인물과 교류하며 당대에 많은 영향을 끼쳤다. 그는 릴케의 뮤즈였고, 프로이트를 알게 된 이후로는 정신분석학에 몰두해 여러 저서를 남기기도 했다. 살로메는 니체가 사망한 지 37년이 더 흐른 1937년 병으로 세상을 떠났다.

▲ 독일의 작가 루 살로메는 니체, 릴케, 프로이트 등 당대 최고 지식인들에게 영향을 끼친다. 그녀는 니체의 청혼을 거절한다. 이후 니체는 그녀에게 받은 영감으로 『차라투스트라는 이렇게 말했다』를 완성한다.

▲ 왼쪽부터 루 살로메, 파울 레에, 니체. 독일의 철학자 파울 레에는 니체의 제자이자 친구다. 루 살로메를 사랑했던 파울 레에는 살로메가 두 명과의 동거를 원하자, 니체를 그녀에게 소개한다. 루 살로메는 니체뿐만 아니라 파울 레에의 청혼도 거절한다.

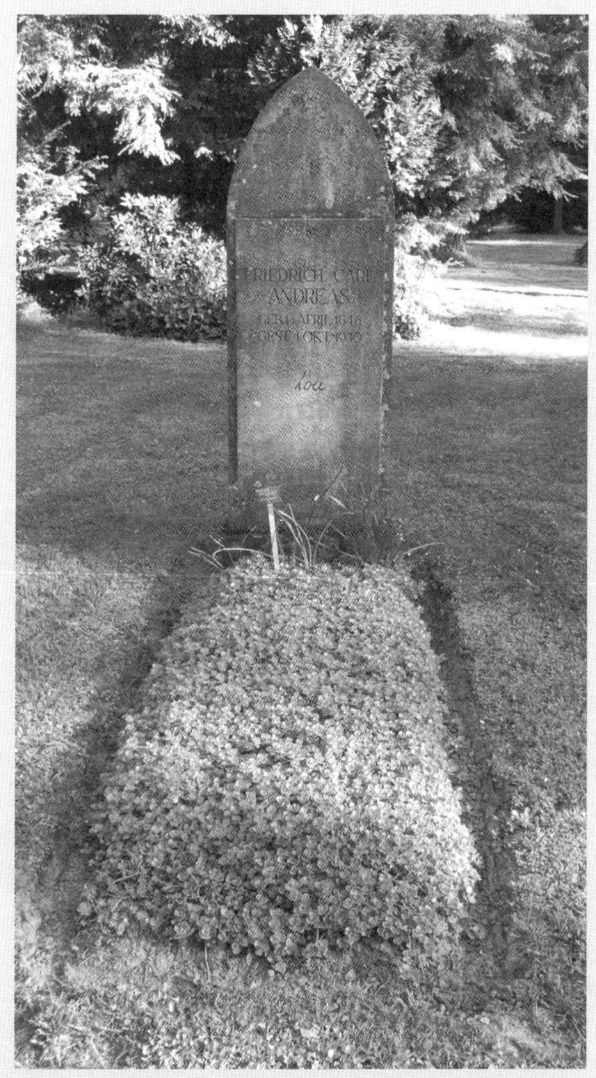

▲ 독일 괴팅겐에 있는 루 살로메의 무덤. 루 살로메는 70세 때부터 몸이 허약해져 요양 생활을 하다가 76세인 1937년에 세상을 떠난다. 그녀는 남편이었던 칼 안드레아스의 무덤에 합장된다.

▶ 그저 너 스스로 한번 생각해 보라. 가장 가까운 친구 사이에서도 느끼는 바가 얼마나 다르며, 생각이 얼마나 나누어지는지. 아주 똑같은 생각마저도 친구의 생각과 네 생각은 위치와 강도가 얼마나 완전히 다른지. 오해하거나 적대적으로 뿔뿔이 흩어지는 경우가 얼마나 셀 수 없이 많은지. 너는 이 모든 생각이 끝나면 스스로에게 이렇게 말하게 될 것이다. 우리의 동맹과 우정이 머무는 이 땅은 얼마나 위태로운가. 차디찬 소나기들이나 악천후가 얼마나 우리와 인접해 있는가. 모든 인간은 얼마나 외로운 존재란 말인가!

● 『인간적인, 너무나 인간적인』

Wie vereinsamt ist jeder Mensch!

▶ 물론 친구라는 것은 존재한다. 하지만 너에 대한 오해가 친구들을 네게로 이끄는 것이다. 그들은 친구로 남기 위해 침묵을 지키는 법을 배워야만 한다. 이러한 인간관계는 대체로 늘 어떤 것들이 입 밖으로 나오지 않고, 이에 대해 언급조차 하지 않음으로써 만들어지기 때문이다.

● 『인간적인, 너무나 인간적인』

Denn fast immer beruhen solche menschliche Beziehungen darauf, dass irgend ein paar Dinge nie gesagt werden, ja dass an sie nie gerührt wird.

check
□
099

'사귐'에서 필요한 것

Was man beim kennenlernen benötigt

#위장 #친절 #사귐

▶ 사람들을 사귈 때는 자주 친절함을 꾸며 낼 필요가 있다. 마치 우리가 그들 행동의 동기들을 알아채지 못한 것처럼.

Als ob wir die Motive ihres Handelns nicht durchschauten.

●『인간적인, 너무나 인간적인』

check
□
100

사랑이 지닌 오류

Liebe mit Fehlern

save

#사랑 #숨겨진 본성 #특별한 본성

▶ 사랑은 사랑하는 이가 지닌 고귀하고 숨겨진 본성, 흔치 않고 특별한 본성을 밖으로 이끌어 낸다. 이런 점에서 사랑은 그가 지닌 일반적인 부분들을 그르게 생각하게끔 한다.

Die Liebe bringt die hohen und verborgenen Eigenschaften eines Liebenden an's Licht, — sein Seltenes, Ausnahmsweises.

● 『선악의 저편』

check

□

101

원하고 사랑하라

Liebe und begehre

#사랑 #자아 #원함 #차라투스트라

save

▶ "언제든지 네가 원하는 것을 행하라. 하지만 원할 수 있는 자가 되어야 한다!"

"언제든지 너의 이웃을 너와 같이 사랑하라. 하지만 먼저 스스로를 사랑하는 자가 되어라.

큰 사랑으로 사랑하고, 큰 경멸로 사랑하라!" 무신론자인 차라투스트라가 말한다.

"Thut immerhin, was ihr wollt,— aber seid erst Solche, die wollen können!"

● 『차라투스트라는 이렇게 말했다』

니체는 항상 자신의 마음의 소리에 귀를 기울이라고 말했다. 즉, 자신의 욕구를 부정하지 않는, 그 욕구를 실현하기 위해 노력하는 능동적인 삶을 추구한 것이다. 이러한 니체의 사상은, 인간은 욕망을 억제해야 하고 오직 신의 가르침 안에서만 구원받을 수 있다는 그리스도교의 교리와 상반되는 것이다. 인간은 현세에서 구원받을 수 없기에 사후, 내세에서 신에게 구원받아 완전한 행복을 이룰 수 있다는 그리스도교의 가치관은 지금 이 순간, 현재에 충실하자는 니체의 사상과 필연적으로 충돌할 수밖에 없는 것이다. 자기 자신이 진정으로 원하는 것이 무엇인지 알고 그것을 얻기 위해 부단히 애쓰며 자신과 이웃을 사랑하는 자, 관용과 이해로 포용하기 힘든 자들도 경멸로써 사랑하는 자, 바로 니체가 바라는 궁극적인 인간상인 것이다.

check

□

182

공격하지 않는다 해서

Auch wenn es nicht angegriffen ist

#상처 #공격 #올바름 #두려움

▶ 그 누구의 마음도 다치게 하지 않으며, 그 누구도 상처 입히지 않으려고 하는 것. 이는 올바름의 표식일 수 있지만, 두려움이 많은 성향의 발로일지도 모른다.

Niemanden kränken, Niemanden beeinträchtigen wollen kann ebensowohl das Kennzeichen einer gerechten, als einer ängstlichen Sinnesart sein.

● 『인간적인, 너무나 인간적인』

check

□

103

신뢰를 얻을 권리

Das Recht auf Vertrauen

save

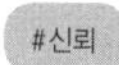

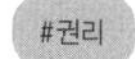

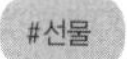

#그릇된 결론

▶ 어떤 사람들은 전면적인 신뢰를 보여 줌으로써 우리의 신뢰를 살 권리가 있다고 믿는다. 이는 잘못된 결론이다. 선물을 통해 권리를 얻을 수는 없다.

Durch Geschenke erwirbt man keine Rechte.

● 『인간적인, 너무나 인간적인』

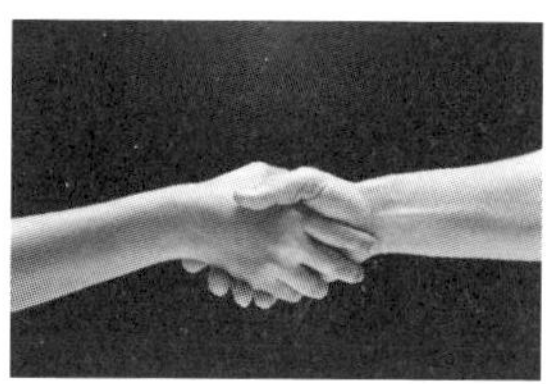

check

□

104

위태로운 우정 1

Gefährdete Freundschaft 1

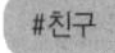

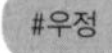

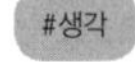

#외로운 존재

▶ 그저 너 스스로 한번 생각해 보라. 가장 가까운 친구 사이에서도 느끼는 바가 얼마나 다르며, 생각이 얼마나 나누어지는지. 아주 똑같은 생각마저도 친구의 생각과 네 생각은 위치와 강도가 얼마나 완전히 다른지. 오해하거나 적대적으로 뿔뿔이 흩어지는 경우가 얼마나 셀 수 없이 많은지. 너는 이 모든 생각이 끝나면 스스로에게 이렇게 말하게 될 것이다. 우리의 동맹과 우정이 머무는 이 땅은 얼마나 위태로운가. 차디찬 소나기들이나 악천후가 얼마나 우리와 인접해 있는가. 모든 인간은 얼마나 외로운 존재란 말인가!

Wie vereinsamt ist jeder Mensch!

● 『인간적인, 너무나 인간적인』

check

□

105

위태로운 우정 2

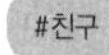

Gefährdete Freundschaft 2

#친구 #우정 #인간관계 #침묵

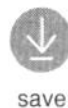

save

▶ 물론 친구라는 것은 존재한다. 하지만 너에 대한 오해가 친구들을 네게로 이끄는 것이다. 그들은 친구로 남기 위해 침묵을 지키는 법을 배워야만 한다. 이러한 인간관계는 대체로 늘 어떤 것들이 입 밖으로 나오지 않고, 이에 대해 언급조차 하지 않음으로써 만들어지기 때문이다.

Denn fast immer beruhen solche menschliche Beziehungen darauf, dass irgend ein paar Dinge nie gesagt werden, ja dass an sie nie gerührt wird.

●『인간적인, 너무나 인간적인』

check

□

106

우리를 정확하게 안다면

Falls wir uns richtig kennen

#친구 #평가 #악의적인 말

▶ 자신을 어떻게 평가하는지에 항상 귀 기울이는 사람은 늘 분노하는 법이다. 우리는 이미 가장 가까이에 있는 사람, 즉, '우리를 가장 잘 아는 사람'에게 잘못 평가받고 있기 때문이다. 아주 좋은 친구들조차도 가끔은 스스로의 불쾌함을 악의적인 말들로 내뱉는다. 만일 우리를 아주 정확하게 안다면, 과연 그들이 우리의 친구가 될 수 있을까?

Und würden sie unsere Freunde sein, wenn sie uns genau kennten?

● 『인간적인, 너무나 인간적인』

한 사람의 내면에는 얼마나 다양한 자아가 존재하는가. 선함과 악함,

증오와 연민, 분노와 인내, 나 자신조차도 제대로 알 수 없는 내 모습이 있는 것이다. 때때로 우리는 타인의 시선을 통해 나 자신이 알고 있는 나보다 더 정확한 내 모습을 발견하기도 한다. 물론 그조차도 완전한 내 모습은 아닐 것이다. "솔직히 말이야", "할까 말까 고민하다 꺼내는 말인데…….", "다 너를 위해서 하는 말이야."라는 말들로 상대에게 상처를 주는 이들은 오히려 나와 가까운 사람들이다. 그 누구도 다른 사람에 대해 섣불리 판단하고 단언해서는 안 되는 것이다. 친구라는 이유로, 친하다는 이유로 스스럼없이 대하며 우리는 알게 모르게 서로에게 큰 상처를 주기 때문이다. 제아무리 많이 안다고 한들 다른 사람에 대해서는 그 누구도 확신할 수 없는 것이다. 사소한 오해가 쌓여 갈등을 빚어내고, 그러한 인간관계 속에서 얽히고설킨 문제들을 해결하는 과정이 끝없이 반복되는 것이 바로 인생이기에 오늘도 우리는 주어진 과제를 묵묵히, 또 신중히 해 나가야만 한다.

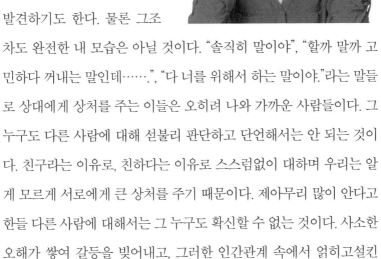

check

☐

187

서로 참아 내야 한다

Wir müssen uns gegenseitig ertragen

#우정 #생각 #인내

▶ 우리에게는 어떠한 지인이든, 설령 그가 아주 위대한 사람이라 할지라도 그를 대수롭지 않게 여길 수 있는 훌륭한 근거들이 있다. 이는 분명 사실이다. 하지만 우리 자신에게 이러한 감정들이 향하게끔 하는 훌륭한 근거들 또한 존재한다. 따라서 우리는 서로 참아 내고자 한다. 우리는 자기 자신 역시 참아 내고 있기 때문이다.

Und so wollen wir es mit einander aushalten, da wir es ja mit uns aushalten.

● 『인간적인, 너무나 인간적인』

check

☐

108

멈추지 않는 사랑

Eine nie endende Liebe

save

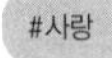

#사랑

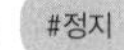

#정지

▶ 어떤 음악가가 느린 템포를 사랑한다면, 그는 늘 같은 곡을 점차 느리게 연주할 것이다. 마찬가지로 어떤 사랑에도 정지는 없다.

So giebt es in keiner Liebe ein Stillstehen.

● 『인간적인, 너무나 인간적인』

check

□

109

경계하고 또 경계하라

Sei vorsichtig und weiter vorsichtig

save

#사랑 #경계심 #외로움 #악수

▶ 당신의 사랑이 자신을 갑자기 덮치지 않도록 주의하라! 외로운 자는 만나는 이에게 너무 빨리 손을 뻗는다.

다른 이와 악수하려면 앞발로만 하는 것이 좋다. 그 앞발에 발톱도 달려 있기를 원한다.

Hüte dich auch vor den Anfällen deiner Liebe!

● 『차라투스트라는 이렇게 말했다』

외로워서 누군가를 만난다면 그 만남은 오래 지속되기 어렵다. 타인에게 의지할 때 비로소 그 외로움이 덜어진다면 우리의 인생은 얼마나 수동적이고 의존적인 삶이 되겠는가. 니체는 인간은 필연적으로 고

독할 수밖에 없는 존재라고 말했다. 그 고독에 맞서 꿋꿋하게 정진하며 이겨낼 때 고독은 인간을 더욱 단단하게 만들어줄 것이다. 외로울 때, 힘이 들 때 내게 먼저 손 내밀며 다가와주는 사람이 있다는 것은 분명 다행이고 고마운 일이다. 그러나 니체는 사람의 그러한 약한 마음을 비집고 불쑥 들어오는 검은 손들이 있으니, 마음이 약해질 때일수록 더욱 사람을 경계하며 발톱을 세워야 한다고 말한다. 마음이 약해져 있을 땐 누구나 이성적인 판단을 하기 어려운 법이다. 우리는 스스로를 지키기 위해 언제, 어디서라도 적당한 긴장을 늦춰서는 안 되는 것이다. 물론 그 긴장이 지나친 스트레스가 되어서는 안 되겠지만.

check

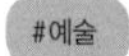

118

사랑은 이기적인 것

Liebe ist Egoistisch

save

#예술 #사랑 #이기심 #소유

▶ 예술가들은 사랑에 대해 오해하고 있다. 그들은 사랑을 사심 없는 것이라고 생각한다. 그들은 자주 자신의 이익에 배치되는 다른 존재의 이익을 바라기 때문이다. 하지만 그들은 다른 존재를 소유하기 원한다. 신조차 예외는 아니다.

Aber dafür wollen sie jenes andre Wesen besitzen.

● 『바그너의 경우』

check □ 111

사랑과 침몰

Liebe und Untergang

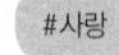 #사랑 #침몰 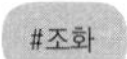 #조화 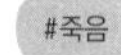 #죽음

save

▶ 사랑과 침몰. 이들은 영겁의 세월 동안 조화를 이루어 왔다. 사랑을 향한 의지. 이는 기꺼이 죽음을 받아들이는 것과 같다.

Wille zur Liebe: das ist, willig auch sein zum Tode.

● 『차라투스트라는 이렇게 말했다』

check

□

112

오랜만의 대화

Ein Gespräch nach langer Zeit

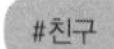

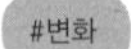

#무관심해진 것

▶ 옛 친구들이 오랜만에 만나면, 서로 완전히 무관심해진 것들에 대해 이야기를 나누게 된다. 이들은 때로 이 사실을 알아채지만, 어떤 슬픈 의심에서 감히 그 베일을 걷어 내지 못한다. 이로 말미암아 이들의 대화는 죽음의 영역에서 나누는 것과 같아진다.

Und mitunter merken es beide, wagen aber nicht den Schleier zu heben — aus einem traurigen Zweifel.

● 『인간적인, 너무나 인간적인』

오랜만에 만난 친구와 자주 대화가 끊겨 어색해진 경험은 누구나 한 번쯤 있을 것이다. 어릴 때 좋아하던 연예인, 장난감들, 자주 가던

분식집은 더 이상 우리에게 큰 관심사가 되어주지 못한다. 오래전에 멀어진 친구 아무개의 모습을 애써 기억해내며, '우리 그땐 그랬지, 그 애는 지금 어디서 뭘 하며 어떻게 살아가더라.' 하는 얘기로는 깊이 있는 대화를 이어갈 수 없게 된 것이다. 가장 순수하게 빛나던 시절을 함께한 어린 시절의 친구는 그 자체만으로도 소중하다. 세월이 흐르며 변할 수밖에 없는 서로의 사회적 위치, 달라질 수밖에 없는 관심사가 때로는 그 시절의 추억을 무용한 것으로 만들기도 하지만. 긴 침묵이 어색하지 않은 사이가 진정한 친구라는 말이 있다. 잠깐의 정적이 어색하고 두려워 쉴 새 없이 말을 이어가야 하는, 굳이 애를 써서 만들어야 하는 관계가 아닌, 하고 싶은 말이 있으면 하고 없으면 없는 대로 침묵할 수 있는, 그러한 분위기가 전혀 어색하지 않은 관계, 그러한 친구가 단 한 명이라도 있는 사람은 세상에서 가장 든든한 보물을 가지고 있는 것이다.

check

☐

113

친구를 위하는 길

Ein Weg für Freund

#친구 #우정 #휴식처 #용서

save

▶ 만약 고통받는 친구가 있다면, 그의 고통이 쉴 수 있는 휴식처, 이를테면 딱딱한 침대나 야전 침대가 되어 주어라. 그것이 친구를 가장 유익하게 하는 길이다.

또한 친구가 당신에게 나쁜 일을 행했을 경우에는 이렇게 말하라.

"나는 네가 나에게 저지른 일은 용서하겠다. 하지만 네가 스스로에게 저지른 악행을 내가 어떻게 용서할 수 있겠는가!"

Hast du aber einen leidenden Freund, so sei seinem Leiden eine Ruhestätte, doch gleichsam ein hartes Bett, ein Feldbett.

● 『차라투스트라는 이렇게 말했다』

내가 비를 맞고 있을 때 우산이 되어주는 친구, 그 비를 기꺼이 함께 맞아주는 친구, 진정한 친구란 무엇인가에 대한 정의는 다양하기에 어느 하나로 단정 짓는 것은 쉽지 않다. 니체는 친구가 고통받고 있을 때 그에게 휴식이 되어주는 친구가 되라고 말한다. 힘든 친구에게 한쪽 어깨를 내어줄 수 있는 친구, 편안한 그늘이 되어줄 수 있는 친구가 있다면 그 인생은 누구보다 잘 살아온, 행복한 인생일 것이다.

아무리 진정한 친구라 해도 늘 좋은 일만 있을 수는 없는 법이다. 서로 오해하고 또 다투면서 상처를 주기도 하니까. 니체는 친구가 아무리 내게 악행을 저질렀다 해도 용서하라고 말한다. 그러면서 내게 행한 악행은 용서할 수 있지만 너 자신을 스스로 악하게 만든 것은 용서할 수 없다고 덧붙인다. 악행으로 인해 제일 괴로운 사람은 그 일을 당한 사람이 아닌, 그것을 행한 자신일지도 모른다. "악행으로 인해 너 자신을 괴롭히지 말라."라는 이 말은 니체가 친구를 위해 건네는 진심 어린 조언이다.

check

□

114

우정의 조건

Bedingung der Freundschaft

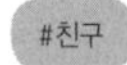 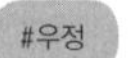 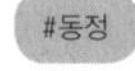 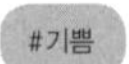

save

▶ 동정할 때가 아니라, 함께 기쁨을 나눌 때 친구가 생긴다.

Mitfreude, nicht Mitleiden, macht den Freund.

● 『인간적인, 너무나 인간적인』

check

최고의 결혼

Die schönste Ehe

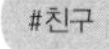 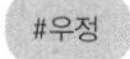 #최고의 변화

save

▶ 가장 좋은 친구가 최고의 배우자를 얻을 가능성이 높다. 최고의 결혼은 우정을 쌓을 수 있는 능력에서 나오기 때문이다.

Die gute Ehe auf dem Talent zur Freundschaft beruht.

● 『인간적인, 너무나 인간적인』

check

□

116

'사랑'이라는 망상

Eine Illusion namens Liebe

#사랑 #삶 #익숙해짐 #망상

save

▶ 우리가 삶을 사랑하는 것은 삶에 익숙해졌기 때문이 아니라 사랑에 익숙해졌기 때문이다. 사랑에는 언제나 약간의 망상이 들어 있다. 하지만 그 망상 속에도 언제나 약간의 이성은 들어 있는 법이다.

Wir lieben das Leben, nicht, weil wir an's Leben, sondern weil wir an's Lieben gewöhnt sind.

● 『차라투스트라는 이렇게 말했다』

친구와 적

Freund und Feind

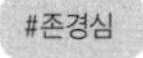

▶ 친구가 생기기를 원한다면, 그를 위해 전쟁도 불사할 수 있어야 한다. 또한 전쟁을 치르기 위해서는 그의 적이 될 수도 있어야 한다. 친구는 적으로서도 존경할 수 있어야 한다. 당신은 선을 넘지 않으면서 친구에게 다가갈 수 있는가? 당신의 친구에게서 가장 강력한 적을 찾을 수 있어야 한다. 당신의 친구와 맞설 때, 진심으로 그에게 가장 가까이 다가가야 한다.

In seinem Freunde soll man seinen besten Feind haben.

● 『차라투스트라는 이렇게 말했다』

니체가 '우정과 사랑, 인간관계'에 관해 말을 전하다

check

❶ 사랑은 사랑하는 이가 지닌 고귀하고 숨겨진 본성, 흔치 않고 특별한 본성을 밖으로 이끌어 낸다.

❷ 선물을 통해 권리를 얻을 수는 없다.

❸ 모든 인간은 얼마나 외로운 존재란 말인가!

❹ 따라서 우리는 서로 참아 내고자 한다. 우리는 자기 자신 역시 참아 내고 있기 때문이다.

❺ 마찬가지로 어떤 사랑에도 정지는 없다.

❻ 사랑을 향한 의지. 이는 기꺼이 죽음을 받아들이는 것과 같다.

❼ 만약 고통받는 친구가 있다면, 그의 고통이 쉴 수 있는 휴식처, 이를테면 딱딱한 침대나 야전 침대가 되어 주어라.

❽ 동정할 때가 아니라, 함께 기쁨을 나눌 때 친구가 생긴다.

❾ 우리가 삶을 사랑하는 것은 삶에 익숙해졌기 때문이 아니라 사랑에 익숙해졌기 때문이다.

❿ 당신의 친구에게서 가장 강력한 적을 찾을 수 있어야 한다.

Part 8

니체가 '결혼과 부모가 된다는 것'에 관해 말하다

철학자에게는 장애물이자 재난이나 더 나은 것을 창조하고자 하는 의지, 이것이 바로 결혼이라고 밝힌 니체

#결혼 #『도덕의 계보학』 #소크라테스 #철학자의 결혼 #희극 #루 살로메 #청혼 #이상적인 결혼 #초인 #『차라투스트라는 이렇게 말했다』

▶ 앞서 언급한 바와 같이, 니체는 평생 결혼하지 않고 혼자 살았다. 그는 『도덕의 계보학』에서 결혼에 대해 "철학자가 최선의 것으로 향하는 길을 막는 장애물이자 재난"이라고 말한다. 그는 플라톤, 데카르트, 스피노자, 칸트, 쇼펜하우어 등 결혼하지 않은 위대한 철학자들의 이름을 줄줄 읊으며 "위대한 철학자 중 누가 결혼했느냐"라고 묻는다. 니체에 따르면, 유일한 예외인 소크라테스의 존재는 결혼을 해서는 안 되는 방증이다. 소크라테스는 소위 '악처'와 만나 끔찍한 결혼생활을 한 철학자로 익히 알려져 있다. 니체에 따르면, 소크라테스는 스스로의 끔찍한 결혼생활을 통해 철학자가 결혼해서는 안 된다는 사실을 증명해낸 것이다. 이런 의미에서 그는 결혼한 철학자가 '희극'에 속한다고 주장한 것이다.

다만 이 구절만 보고 니체가 모든 결혼에 대해 부정적으로 생각했다고 판단할 수는 없다. 실제로 니체는 루 살로메에게 청혼했었으니, 결혼할 생각이 아예 없었던 것도 아니다. 니체가 생각하는 이상적인 결혼은 그가 생각하는 이상적인 인간상, 즉 '초인'과도 일맥상통하는 부분이 있었다. 니체는 "창조한 이보다 더 나은 것을 창조하고자 하는 의지(『차라투스트라는 이렇게 말했다』)"가 바로 결혼이라고 밝혔다. 결국 결혼 역시 스스로를 넘어서려는 의지가 필요한 삶의 한 과정이며, 그렇기에 제대로 이루어지기 어려운 것이다. 이 어려움을 극복하려는 의지 역시, 니체가 주창하는 '힘에의 의지'라고 볼 수도 있다. 한국의 이혼건수는 한 해 10만 건을 훌쩍 넘는다. 이것 역시 결혼의 어려움을 방증하는 사례라 볼 수 있지 않을까.

▲ 노르웨이의 화가 에드바르 뭉크가 1906년에 완성한 니체의 초상화다. 루 살로메가 니체의 청혼을 거절한 후 니체는 평생 독신으로 산다. 하지만 니체가 '결혼'에 대해 부정적으로만 생각한 것은 아니다.

▲ 독일 바이마르에 있는 빌라 질버블리크 전경. 니체의 여동생 엘리자베스는 어머니가 죽자 니체를 바이마르로 옮긴다. 니체는 죽을 때까지 이곳에서 지낸다. 빌라 질버블리크 2층에는 니체 문서 보관소가 있다.

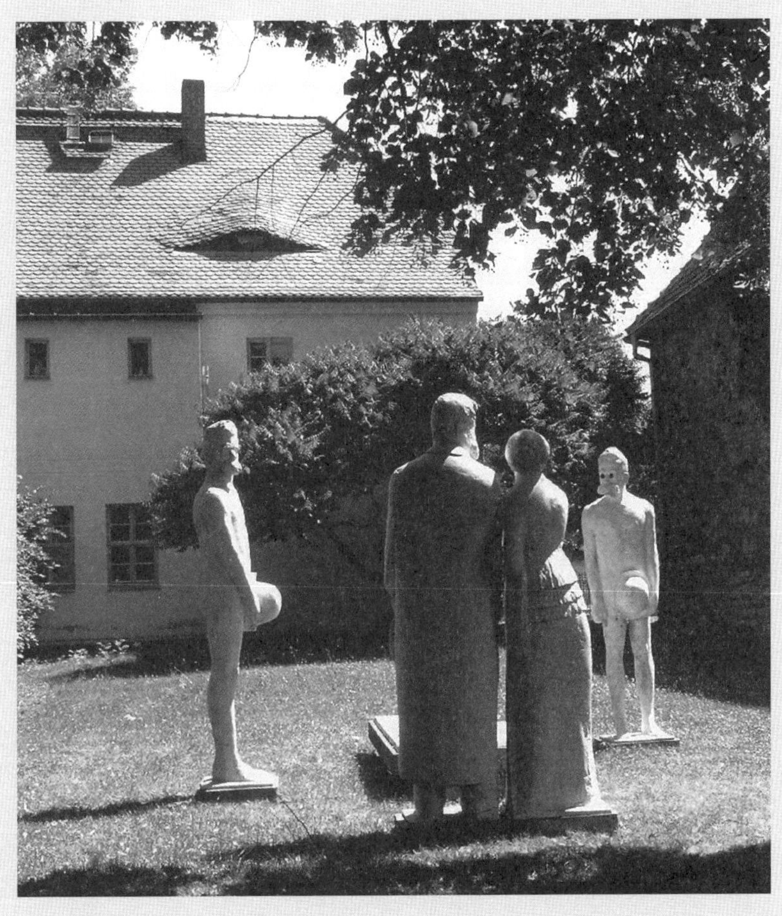

▲ 니체 사망 100주년을 맞아 독일 나움부르크에 가묘와 함께 세워진 조각상이다. 가운데에는 니체와 어머니가 팔짱을 끼고 서 있고, 양쪽으로는 발가벗은 니체 두 명이 서서 자신의 장례식에 참석하고 있다.

▶ 결혼이 나쁜 구속이 되지 않도록 조심하라! 그대들은 너무 빨리 서로에게 매여 버린다. 이로 말미암아 그것이 따라온다. 바로 부정 말이다!

(…)

따라서 나는 정직한 사람들이 서로 이야기하기를 바란다. "우리는 서로를 사랑해. 그러니 조심하자. 우리의 사랑이 계속될 수 있도록! 아니면 우리의 약속은 실수여야 한단 말인가?"

● 『차라투스트라는 이렇게 말했다』

"Wir lieben uns: lasst uns zusehn, dass wir uns lieb behalten!"

▶ 사람은 자신을 둘러싸고 있는 것 중 가장 가까운 것에 대해서는 더는 깊게 생각하려고 하지 않는다. 단지 이를 받아들일 뿐이다. 아마 부모가 자식에 관해 너무나 잘못된 판단을 내리게 되는 원인은 부모가 지닌 습관적 부주의에 있을 것이다.

● 『인간적인, 너무나 인간적인』

Die Menschen pflegen über das Nächste, was sie umgiebt, nicht mehr nachzudenken, sondern es nur hinzunehmen.

check

□

118

서로를 위한 결혼

Heirat füreinander

save

#결혼 #욕구 #목표 #지속성

▶ 상대방을 통해 각자의 목표를 이루고자 하는 결혼은 잘 지속되기 마련이다. 예를 들면, 아내가 남편을 통해 유명해지고 싶어 하는 경우나 남편이 아내를 통해 인기를 얻고자 하는 경우가 그렇다.

Eine Ehe, in der Jedes durch das Andere ein individuelles Ziel erreichen will, hält gut zusammen.

● 『인간적인, 너무나 인간적인』

check

☐

119

철학자에게 '결혼'이란

Was bedeutet Ehe in der Philosophie

save

#결혼 #재난 #철학자 #장애물

▶ 철학자에게 결혼은 최선의 것으로 향하는 길을 막는 장애물이자 재난이다. 위대한 철학자 가운데 누가 결혼했는가? 헤라클레이토스, 플라톤, 데카르트, 스피노자, 라이프니츠, 칸트, 쇼펜하우어. 그들은 모두 결혼하지 않았다. (…) 결혼한 철학자는 희극에 속하게 된다. 이것이 내 명제다. 예외인 소크라테스는 아이러니하게도 바로 이 명제를 증명하고자 결혼했던 것이다.

Welcher grosse Philosoph war bisher verheirathet?

● 『도덕의 계보학』

check

□

128 '결혼의 고비'를 넘기 위해

Um die Krise der Ehe zu überwinden

#결혼 #사랑 #구속 #부정

▶ 결혼이 나쁜 구속이 되지 않도록 조심하라! 그대들은 너무 빨리 서로에게 매여 버린다. 이로 말미암아 그것이 따라온다. 바로 부정 말이다!

(…)

따라서 나는 정직한 사람들이 서로 이야기하기를 바란다. "우리는 서로를 사랑해. 그러니 조심하자. 우리의 사랑이 계속될 수 있도록! 아니면 우리의 약속은 실수여야 한단 말인가?"

"Wir lieben uns: lasst uns zusehn, dass wir uns lieb behalten!"

● 『차라투스트라는 이렇게 말했다』

우리는 누군가를 지나치게 사랑하면 소유하고 집착하려는 경향이 있다. 사랑의 완성을 결혼이라고 보는 사람들은 특히 조심해야 할 것이다. 사랑에는 완성이 없고 사랑에 대한 정의는 이 세상에 존재하는 인간의 수만큼 다양하다. 그렇기에 정답은 없는 것이다. 그러나 소유와 집착이 참된 사랑이 아니란 사실은 누구도 부인할 수 없을 것이다. 결혼이라는 것은 법적으로 부부의 연을 맺고 평생의 반려자로 함께 살아갈 것을 서약하는 신성한 행위다. 서로에 대한 구속의 시작이 아닌, 어쩌면 그때부터가 진정한 사랑의 시작인지도 모른다. 사랑한다면 서로에게 맞춰가라. 상대가 싫어하는 것을 하지 말고, 원하는 것을 최대한 해주기 위해 노력하라. 서로에게 자유를 주라. 외로움이 아닌 혼자서 사색하고 고독을 즐길 수 있는 여유를. 부족한 점은 서로 채워가기 위해 노력하되, 있는 그대로의 상대의 모습을 존중하고 받아들인다면 결혼은 더 이상 구속이 아닌 인생에 있어 새로운 출발이 되어줄 것이다.

check

□

121

진정한 결혼

Die ernste Ehe

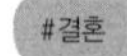 #결혼 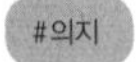 #의지 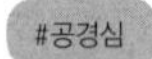 #공경심

save

▶ 결혼이란, 창조한 이보다 더 나은 것을 창조하고자 하는 의지다. 그러한 의지를 이루어 내려는 상대를 공경할 때, 나는 이를 결혼이라 부른다.

Ehrfurcht vor einander nenne ich Ehe als vor den Wollenden eines solchen Willens.

● 『차라투스트라는 이렇게 말했다』

check

□

122 서로에게 낯선

#자아 #자기 이해 #낯섬

save

▶ 자기 자신을 대하는 것이 남자와 여자 사이보다 훨씬 더 낯선 많은 사람들. 그런데 남자와 여자가 서로에게 얼마나 낯선 존재인지 그 누가 완전히 깨달았단 말인가!

Und wer begriff es ganz, wie fremd sich Mann und Weib sind!

● 『차라투스트라는 이렇게 말했다』

check

□

123

결혼 전에 꼭 필요한 질문

Die Notwendigste Frage vor der Heirat

#결혼 #질문 #상대와의 대화

▶ 결혼하기 전에는 스스로에게 이러한 질문을 던져 보아야 한다.

"나이가 들더라도 이 사람과 기꺼이 즐거운 대화를 나눌 수 있을까?"

결혼에 있어서 다른 모든 것은 일시적이지만, 상대방과 나눌 대부분 시간은 대화로 이루어져 있다.

Alles Andere in der Ehe ist transitorisch, aber die meiste Zeit des Verkehrs gehört dem Gespräche an.

● 『인간적인, 너무나 인간적인』

이성과 교제를 하거나 배우자를 선택할 때 우리는 외모와 학력, 성격,

재산, 가족관계 등등 수많은 요소들을 고려한다. 특히 젊었을 때 가장 중요시하는 건 외모일 것이다. 인간은 시각적인 요소에 가장 큰 영향을 받기에 상대의 외모를 중시한다는 것을 꼭 부정적으로 볼 필요는 없다. 다만 '외모만' 중시할 때에는 위험과 부작용이 따를 수도 있다는 것이다.

누군가에게 이상형을 물었을 때, 외모와 더불어 중요시되는 것이 바로 성격이다. 대부분 유머 감각이 풍부한 사람을 이상형으로 꼽는다. 유머 감각은 긍정적인 마음과 삶의 여유, 남들보다 뛰어난 섬세함과 관찰력에서 비롯된다. 유머가 있는 사람은 주변 사람들을 즐겁게 하고 밝은 기운을 가져다주기에 모든 이들이 선호하는 것이다. 니체가 말하는, 나이가 들어도 즐거운 대화를 나눌 수 있는 사람은 이러한 유머 감각이 있는 사람일 것이다. 기분 좋은 웃음과 끊임없는 화제를 이끌어낼 수 있는 사람은 누구에게나, 언제든 환영받을 것이다. 결국 대화가 통한다는 것은 서로의 관심사가 비슷한 이유도 있겠지만 상대에 대한 세심하고 따뜻한 배려 때문이니까.

check

☐

124

부모가 자식을 판단할 때 1

Wenn Eltern ihre Kind beurteilen 1

#결혼 #부모 #충분한 거리

▶ 한 개인을 판단하는 데 있어 가장 큰 실수를 저지르는 사람은 그의 부모다. 이는 분명한 사실이지만, 이유를 명확히 밝힐 수 있는 사람이 있을까? (…) 낯선 사람들 사이를 여행하는 자는 오로지 여행 초기에만 그들의 보편적이고 구별되는 특징들을 제대로 파악할 수 있다. 그가 그들에 관해 더 많이 알게 될수록 그들의 전형적이고 구별되는 특징들을 잊게 된다. 가깝게 보면 볼수록 그들의 눈은 더는 멀리 보지 못하게 된다. 부모 역시 자식과 충분히 멀리 떨어져 보지 못해서 자식을 잘못 판단하는 것이 아닐까?

Die gröbsten Irrthümer in der Beurtheilung eines Menschen werden von dessen Eltern gemacht.

● 『인간적인, 너무나 인간적인』

check
☐
125

부모가 자식을 판단할 때 2

Wenn Eltern ihre Kind beurteilen 2

#판단 #부모 #가장 가까운 것 #습관적 부주의

▶ 사람은 자신을 둘러싸고 있는 것 중 가장 가까운 것에 대해서는 더는 깊게 생각하려고 하지 않는다. 단지 이를 받아들일 뿐이다. 아마 부모가 자식에 관해 너무나 잘못된 판단을 내리게 되는 원인은 부모가 지닌 습관적 부주의에 있을 것이다.

Die Menschen pflegen über das Nächste, was sie umgiebt, nicht mehr nachzudenken, sondern es nur hinzunehmen.

●『인간적인, 너무나 인간적인』

check

□

126

불협화음의 전승

Überlieferung des Missklangs

#부모 #자식 #불협화음 #수난사

save

▶ 부모의 성격이나 성향과 연관되어 해결하지 못한 불협화음은 계속해서 아이의 존재 속에 울려 퍼지며, 내면의 수난사를 만들어 낸다.

Die unaufgelösten Dissonanzen im Verhältniss von Charakter und Gesinnung der Eltern klingen in dem Wesen des Kindes fort und machen seine innere Leidensgeschichte aus.

● 『인간적인, 너무나 인간적인』

인간은 자신이 속한 환경에 영향을 받는다는 중국의 고자(告子)와

서양의 루소가 주장한 성무선악설(性無善惡說), 로크의 백지설(白紙說)이 떠오르는 구절이다. 필자 역시 인간에게 있어 환경이란 절대적일 수는 없지만 결코 무시할 수 없을 만큼의 큰 영향을 미친다고 생각한다. 좋은 영향이라면 더없이 환영이지만, 문제는 나쁜 영향에 노출될 때이다. 폭력적인 부모 밑에서 자란 아이들은 그렇지 않은 아이들보다 심리적으로 위축되고 자신도 모르게 폭력성을 키워나갈 확률이 높다. 이렇듯 부모는 아이의 성향과 성격을 형성하는 데 큰 영향을 미치기에 부모의 역할은 무엇보다 중요하다. 아버지가 목사였던 니체는 어머니 역시 기독교 집안 출신이었기에 엄격한 기독교 집안에서 성장한다. 그러나 일찍이 아버지와 남동생을 잃었기에 고모들과 할머니, 여동생 틈에서 자라며 여성적인 감수성을 키워 나간다. 이러한 여성적 감수성이 섬세하고 예민한 감성으로 발전한다면 예술가에게 있어 긍정적으로 작용할 수 있지만, 유약한 성격이 형성되는 부정적인 측면으로 작용할 수도 있다. 실제로 니체는 이러한 여성적 감수성의 상반된 측면을 모두 지니고 있었다.

좋은 부모가 되고 싶은 마음은 누구에게나 있을 것이다. 부모 역시 부모이기 이전에 언제, 어디서든 실수를 할 수 있는 불완전한 인간이다. 처음부터 완벽한 부모는 없다. 그러므로 '참된 부모'란 니체가 말하는 '초인'처럼, 현실에 안주하지 않고 끊임없이 자기 자신을 극복하고 부단히 노력해서 성취해야 할 고귀한 지위인 것이다.

check

☐

127

좋은 아버지

Der gute Vater

#부모 #아버지 #아들 #아버지의 역할

save

▶ 아버지들은 아들들을 낳았다는 사실을 만회하기 위해 해야 할 일들이 많다. (…) 당신이 좋은 아버지를 두지 못했다면, 스스로 그러한 아버지가 되어야 한다.

Wenn man keinen guten Vater hat, so soll man sich einen anschaffen.

● 『인간적인, 너무나 인간적인』

좋은 아버지, 좋은 남편, 좋은 상사, 좋은 친구, 좋은 아들……. 사회에서 한 사람에게 부여된 역할과 지위는 너무도 많기에 누구도 이 모든 걸 완벽하게 소화해낼 수는 없을 것이다. 그저 우리는 보다 나은 최선의 삶을 살아가기 위해 노력하고 또 노력할 뿐이다.

앞서 언급했듯 니체의 아버지는 루터교의 목사였고 어머니 역시 목사 집안 출신이었다. 필연적으로 기독교의 영향을 받으며 자랄 수밖에 없었던 니체는 5세 때 아버지를 여의었다. 아버지의 사랑을 충분히 받지 못한 니체는 고모와 누나, 어머니 틈에서 여성들의 영향을 받으며 섬세하고 예민한 감수성을 키워 나간다. 아버지가 없었기에 가족의 기대를 한 몸에 받았던 니체는 부담감에 시달리며 무신론자로 성장한다. 여기서 더 나아가 그리스도교를 혹독하게 비판하기에 이른다. 니체는 평생 독신으로 살았기에 아버지가 되지 못했다. '좋은 아버지'에 관한 니체의 아포리즘은 할머니와 고모들 틈에서 어머니를 지켜주지 못했던 유약한 아버지에 대한 원망이자 스스로가 아버지가 되지 못한 아쉬움일지도 모른다.

check

□

128

각자의 여성상

Das Frauenbild eines jeden

save

#어머니 #여성상 #여성을 대하는 태도

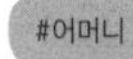

▶ 모든 사람은 마음속에 자신의 어머니로부터 받은 여성상을 가지고 있다. 바로 이 여성상은 그 사람이 대개 여성들을 존경할지 경멸할지 혹은 일반적으로 무관심하게 대할지를 결정한다.

Jedermann trägt ein Bild des Weibes von der Mutter her in sich.

● 『인간적인, 너무나 인간적인』

니체가 '결혼과 부모가 된다는 것'에 관해 말을 전하다

check
□

❶ 상대방을 통해 각자의 목표를 이루고자 하는 결혼은 잘 지속되기 마련이다.

❷ 위대한 철학자 가운데 누가 결혼했는가?

❸ 결혼에 있어서 다른 모든 것은 일시적이지만, 상대방과 나눌 대부분 시간은 대화로 이루어져 있다.

❹ 모든 사람은 마음속에 자신의 어머니로부터 받은 여성상을 가지고 있다.

❺ 부모의 성격이나 성향과 연관되어 해결하지 못한 불협화음은 계속해서 아이의 존재 속에 울려 퍼지며, 내면의 수난사를 만들어 낸다.

❻ 한 개인을 판단하는 데 있어 가장 큰 실수를 저지르는 사람은 그의 부모다.

❼ 사람은 자신을 둘러싸고 있는 것 중 가장 가까운 것에 대해서는 더는 깊게 생각하려고 하지 않는다.

❽ 당신이 좋은 아버지를 두지 못했다면, 스스로 그러한 아버지가 되어야 한다.

Part 9

니체가 '선악과 도덕적 가치들'에 관해 말하다

'도덕'에 대해 끊임없이 사유하고 기존의 도덕 관념을 전면 부정해 '니체만의' 새로운 도덕이 탄생하다

#도덕 #비도덕주의 #도덕적 가치 #착한 사람 #기존 도덕 관념

#선악 #가치체계 #이분법 #힘에의 의지 #허무주의 #새로운 도덕

▶ 니체는 도덕이란 무엇인지에 대해 끊임없이 고민하고 논쟁해온 사상가이다. 이러한 그의 사상은 주로 '비도덕주의(Immoralismus)'라는 말로 설명된다. 비도덕주의는 도덕이 없다든가, 도덕 자체를 폐기해야 한다는 주장은 아니다. 비도덕주의란 도덕적 가치가 대체 무엇인지, 이 가치체계 자체를 재정립해야 한다는 주장에 가깝다. 일반적으로 우리는 도덕적인 사람이 착한 사람과 같은 말이라 생각한다. 타인을 배려하고 약자를 동정하는 이를 우리는 보통 착한 사람이라 부른다. 니체는 이러한 기존의 도덕 관념을 전면적으로 부정한다. '선과 악'이라는 도덕체계는 절대적인 것으로 여겨져 왔으나, 니체에게 있어서 이는 아무런 의미가 없는 기존의 가치체계에 불과하다.

중요한 것은 선악이라는 절대적이고 이분법적인 체계가 아니다. '도덕'이라는 말 자체에 가치가 내포되어선 안 된다는 말이다. '힘에의 의지'를 가진 개개인이 더욱 나아지기 위해, 스스로를 넘어서기 위해 무엇을 선택할 것인가? 어떤 것이 스스로를 더 나아지게 만드는가? 스스로 나아갈 수 있다면, 그것이 좋은 것이다. 허무주의에 빠져 앞으로 나아가지 못한다면, 그것은 나쁜 것이다. 이렇듯 무엇이 좋은 것이고 나쁜 것인지 스스로 해석할 수 있다면 바로 그것이 도덕적인 가치가 된다. 니체가 주창하는 새로운 도덕은 법전이나 도덕책 속에 파묻혀 있는 기존의 도덕체계를 완전히 전복시킨다.

▲ 1861년 니체의 모습. 니체는 부활절에 친구와 함께 견진 성사를 받는다. 하지만 이후 니체는 종교인으로 돌아가지 않는다. 니체는 신학 공부를 포기하고 라이프치히 대학에서 철학과 고전 등을 공부한다.

▲ 이탈리아의 화가 틴토레토의 작품인 <은하수의 기원>이다. 제우스가 아기인 헤라클레스를 안고 헤라에게 다가가는 장면이다. 이후 청년 헤라클레스에게 선과 악을 각각 상징하는 여인이 찾아와 자신을 따르라고 설득한다. 헤라클레스는 선을 선택하고 영웅이 되기까지 수많은 고초를 겪는다.

▲ 헤라클레스가 안타이오스를 공중에 들어 올리는 장면을 나타낸 조각상이다. 그리스 신화에 등장하는 거인인 안타이오스는 자신의 땅을 지나가는 사람들에게 시합을 강요한다. 이 땅을 지나던 헤라클레스도 안타이오스의 시합 요청을 받는다. 결국 헤라클레스는 안타이오스의 목을 졸라 죽인다.

▶ 문명화된 상황에서는 모든 사람이 최소한 어느 한 부분에서는 다른 이들보다 우월하다고 느낀다. 일반적인 친절은 이에 기초해서 생겨난다. 어떤 사람이든 특정한 상황에서는 다른 이를 도울 수 있고, 그렇기에 부끄러움 없이 남에게 도움을 받을 수 있는 존재이기 때문이다.

● 『인간적인, 너무나 인간적인』

Jeder einer ist, der unter Umständen helfen kann und desshalb sich ohne Scham helfen lassen darf.

▶ 아, 선인들이여! 선인들은 절대 진리를 말하지 않는다. 영혼에 있어서 이렇게 선하다는 것은 병이나 다름없다.

(…)

대담한 모험이나 기나긴 불신, 무자비한 부인, 권태, 살아 있는 것의 안을 베어 내는 것……. 이것들이 함께 오는 일은 얼마나 드문가! 하지만 진리는 이러한 씨앗에서 태어난다.

모든 지식은 지금까지 악한 양심과 함께 자라났다! 부수어라! 나를 부수어라, 너희 깨달은 자들아, 낡은 석판을!

● 『차라투스트라는 이렇게 말했다』

Zerbrecht, zerbrecht mir, ihr Erkennenden, die alten Tafeln!

check

□

129

'좋다는 것'은 무엇인가

Was bedeutet gut

save

#선 #도덕 #좋음 #일급

▶ '좋음'이라는 판단은 '좋다'고 증명된 사람들에게서 나온 것이 아니다! 오히려 '좋은 사람' 스스로에게 있는 것에서 나온 것이다. 고귀하며 힘이 있고 우월하며 높은 뜻을 품은 이들, 즉 비천하고 비루한 뜻을 품었으며 흔해 빠지고 천민적인 이들에 비해 자기 자신과 행동을 좋다고, 일급이라 생각하고 평하는 사람들에게 있었던 것이다.

Das Urtheil 'gut' rührt nicht von Denen her, welchen 'Güte' erwiesen wird!

● 『도덕의 계보학』

check

□

138

'형벌'이 미치는 영향

Das Ergebnis der Bestrafung

save

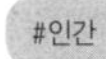 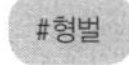  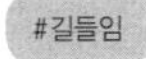

#인간 #형벌 #죄 #길들임

▶ 대개 인간과 동물은 형벌을 통해 공포가 커지고, 신중함이 가중되고, 욕망의 지배를 받게 된다. 형벌은 인간을 길들인다. 하지만 인간을 '더 낫게' 만들지는 않는다.

Damit zähmt die Strafe den Menschen, aber sie macht ihn nicht 'besser'.?

● 『도덕의 계보학』

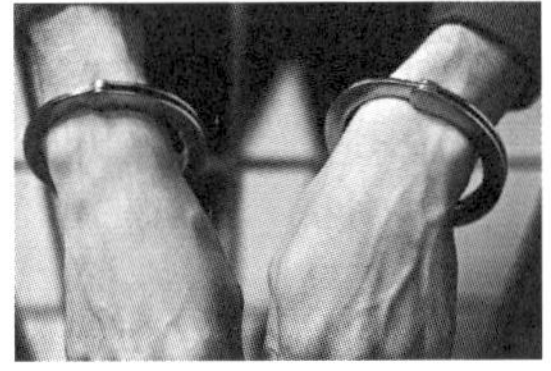

check

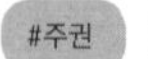

131

'양심'이란 무엇인가

Was ist Gewissen

#주권 #양심 #지배적 본능

save

▶ 책임감이라고 하는 이상한 특권을 자랑스럽게 여기는 것, 이 희귀한 자유를 의식하는 것, 자신과 그 운명을 지배하는 힘. 이는 자신의 심연까지 가라앉아 지배적인 본능이 되었다. (…) 주권을 가진 인간은 이 지배적인 본능을 양심이라고 부른다.

Dieser souveraine Mensch heisst ihn sein Gewissen.

● 『도덕의 계보학』

check

☐

132

'친절'은 어디에서 오는가

Woher stammt Freundlichkeit

#친절 #도움 #우월함 #문명화

▶ 문명화된 상황에서는 모든 사람이 최소한 어느 한 부분에서는 다른 이들보다 우월하다고 느낀다. 일반적인 친절은 이에 기초해서 생겨난다. 어떤 사람이든 특정한 상황에서는 다른 이를 도울 수 있고, 그렇기에 부끄러움 없이 남에게 도움을 받을 수 있는 존재이기 때문이다.

Jeder einer ist, der unter Umständen helfen kann und desshalb sich ohne Scham helfen lassen darf.

● 『인간적인, 너무나 인간적인』

check

□

133

진리는 악으로부터 왔다

Wahrheit stammt aus dem Übel

#진리 #악 #선인 #지식

▶ 아, 선인들이여! 선인들은 절대 진리를 말하지 않는다. 영혼에 있어서 이렇게 선하다는 것은 병이나 다름없다.

(…)

대담한 모험이나 기나긴 불신, 무자비한 부인, 권태, 살아 있는 것의 안을 베어 내는 것……. 이것들이 함께 오는 일은 얼마나 드문가! 하지만 진리는 이러한 씨앗에서 태어난다.

모든 지식은 지금까지 악한 양심과 함께 자라났다! 부수어라! 나를 부수어라, 너희 깨달은 자들아, 낡은 석판을!

Zerbrecht, zerbrecht mir, ihr Erkennenden, die alten Tafeln!

●『차라투스트라는 이렇게 말했다』

절대 진리라 믿는 기존의 가치관을 의심하고 의문을 갖는 것, 구태의연하고 낡은 관념을 깨부수는 망치가 되는 것, '망치를 든 철학자'라 불리는 니체는 그의 저서 『이 사람을 보라』(이상엽, 지식을 만드는 지식, 2016.)에서 "선과 악의 창조자가 되기를 원하는 자는 먼저 파괴자가 되어야만 하고 가치를 파괴해야만 한다. 따라서 최고 악은 최고선에 속한다. 하지만 이것은 창조적 선인 것이다. 나는 최초의 비도덕주의자다. 그래서 나는 탁월한 파괴자인 것이다."라고 설파했다.

그리스도교의 가치관이 절대 진리였던 19세기 독일에서 스스로 비도덕주의자라 칭하며 기존의 가치관을 철저히 부정하고 파괴하라고 말했던 니체는 파괴자이면서 동시에 창조자였다. 파괴하지 않으면 그 무엇도 창조할 수 없다고 믿었기 때문이다. 고정관념과 편견을 깨뜨리는 것은 얼마나 어려운 일인가. 하물며 당대 절대 진리였던 그리스도교의 가르침에 반기를, 아니 망치를 든 니체라니. 수많은 이들에게 철저히 외면받으며 홀로 고독한 투쟁을 이어갔던 니체의 신념과 사상은 그가 겪었던 시련만큼 더욱 단단해지고 깊어졌기에 오늘날 다시 조명되며 수많은 이들의 가슴에 울림을 주는 것이리라.

check

□

134

경험의 '질'

Die Qualität der Erfahung

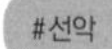

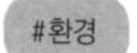

#경험의 질

▶ 어느 누구도 어떤 상황, 동정, 분노가 스스로를 어디로 이끌지 알지 못한다. 자신의 화가 어디까지 이를 수 있는지도 모른다. 처참하고 초라한 환경이 스스로를 처참하게 한다. 선과 악에 있어서 더 비루하거나 더 고상한 인간을 만드는 것은 보통 경험의 양이 아니라 경험의 질이다.

Es ist gewöhnlich nicht die Qualität der Erlebnisse, sondern ihre Quantität, von welcher der niedere und höhere Mensch abhängt, im Guten und Bösen.

● 『인간적인, 너무나 인간적인』

다수가 같은 경험을 한다 해도 똑같은 결과를 만들어내진 않는다. 사람마다 지닌 가치관과 역량이 다르기 때문이다. 다른 사람에게 굴욕과 멸시를 당했을 때, 누군가는 분노하며 복수를 위해 이를 갈 수도 있고, 다른 누군가는 자학하며 깊은 좌절감을 느낄 수도 있다. 또 다른 누군가는 순간의 화를 억누르며 상황을 이성적으로 판단해 다시는 누군가가 자신을 무시할 수 없도록 발전의 계기로 삼을 수도 있는 것이다. 이렇듯 많은 이들이 같은 경험을 한다 해도 각자 다르게 받아들이기에 결과 역시 다양할 수밖에 없다. 살면서 되도록 많은 경험을 해보는 것은 매우 중요하다. 하지만 그보다 중요한 것은 그 경험을 보다 가치 있는 '질 좋은 것'으로 전환시키는 일일 것이다. 인생에 있어 '얼마나' 경험하느냐보다 '어떻게' 경험하느냐가 중요하다는 사실을 잊지 말아야 할 것이다.

check

□

135

숨 막히는 동정

Erstickendes Mitleidid

save

#동정 #선한 사람 #가난한 영혼

▶ 소위 선한 사람들과 함께 사는 사람은 동정으로 말미암은 거짓말을 배우게 된다. 동정은 모든 자유로운 영혼을 둘러싼 공기를 숨 막히게 만든다. 선한 사람들의 멍청함은 그 정도를 알 수가 없다.

나 자신과 나의 여유를 숨기는 것. 나는 저 아래에서 이를 배웠다. 모든 사람의 영혼이 가난하다는 사실을 알았기 때문이다.

Wer unter den Guten lebt, den lehrt Mitleid lügen.

● 『차라투스트라는 이렇게 말했다』

check

□

136

'덕'이 가져다주는 것

Was die Tugend mit sich bringt

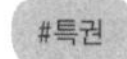

save

▶ 모든 덕은 특권을 가진다. 예를 들면, 덕은 유죄 판결을 받은 사람을 위해 그의 화형장에 장작 한 무더기를 가져다준다.

Jede Tugend hat Vorrechte.

● 『인간적인, 너무나 인간적인』

check

□

137

친절의 경제학

Wirtschaft der Freundlichkeit

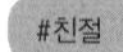

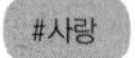

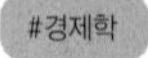

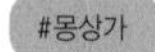

▶ 인간관계에서 가장 효과적인 약초이자 힘인 친절과 사랑은 가치가 너무나도 높다. 그래서 누군가는 아픔을 잊게 해 주는 이 약을 가능한 한 경제적으로 사용하고자 한다. 하지만 이것은 불가능한 일이다. 친절의 경제학은 가장 뻔뻔한 몽상가들의 꿈에 지나지 않는다.

Die Oekonomie der Güte ist der Traum der verwegensten Utopisten.

● 『인간적인, 너무나 인간적인』

세상에서 가장 중요한 것들은 눈에 보이지 않는다는 말이 있다. 니체가 언급한 '친절과 사랑' 역시 눈에 보이지 않는 귀한 가치다. 타의

에 의한 것이 아닌, 스스로의 마음에서 우러나온 친절과 사랑은 니체의 말대로 누군가의 아픔과 고통을 덜어주며 인간관계에 있어 가장 강력한 효험이 있는 약초로 작용하기도 한다. 이러한 숭고한 가치마저도 경제적으로 이용하려는 사람들이 있기에 니체는 그러한 사람들을 가장 뻔뻔한 몽상가라며 일침을 가한다. 대가와 보답을 바라지 않는 선의야말로 각박한 현대 사회에 꼭 필요한 마음이며 그만큼 쉽지 않은 일이기도 하다. 굳이 거창한 것이 아니더라도 작은 호의부터 시작해 보자. 어쩌면 베푸는 마음이란 생각만큼 그리 어려운 일이 아닐지도 모른다. 누군가에게 계산 없는 진심을 보이며 '나눔'이라는 주는 마음의 가치를 실현할 때, 인간은 비로소 더 인간다워질 수 있음을 기억해야 할 것이다.

check

□

138

자기애

Die Selbstverliebtheit

 #덕 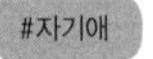 #자기애 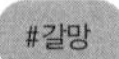 #갈망

save

▶ 너희는 어머니가 자식을 사랑하듯이 덕을 사랑한다. 하지만 어머니가 그 사랑에 보답받기를 바란다는 이야기를 들어 본 적이 있는가?

너희가 가장 사랑하는 자기 자신이 바로 너희의 덕이다. 그 안에는 돌고 도는 고리를 향한 갈망이 들어 있다. 모든 고리는 스스로에게 다시 닿기 위해 분투하며 돌고 있다.

Es ist euer liebstes Selbst, eure Tugend.

● 『차라투스트라는 이렇게 말했다』

니체는 『차라투스트라는 이렇게 말했다』에서 '남에게 주는 것이 가장 고귀한 덕'이라며 '주는 것의 미덕'에 대해 설파했다. 또한 같은 책에서 "너희가 가장 사랑하는 자기 자신이 바로 너희의 덕이다."라고 언급한 바 있다. 남에게 덕을 베풀기 위해서는 무엇보다 자기 자신을 사랑하는 일, 즉 스스로 덕을 쌓는 일이 우선시되어야 한다는 것이다. 사랑을 받아 본 사람만이 사랑을 베풀 줄 알고 자기 자신을 사랑하는 사람만이 남을 사랑할 수 있기 때문이다. 자기 자신을 사랑하는 미덕, 그 안에 들어 있는 돌고 도는 고리를 향한 갈망은 니체의 '영겁회귀(永劫回歸)' 사상과 그 궤를 같이한다. "영원회귀라고도 불리는 이것은 영원한 시간은 원형(圓形)을 이루고, 그 안에서 일체의 사물이 그대로 무한히 되풀이되며, 그와 같은 인식의 발견도 무한히 되풀이된다."라는 것이다. 이처럼 스스로에게 다시 닿기 위해 분투하며 돌고 있는 내면의 고리는, 우리의 생(生)이 무한히 반복되더라도 그것을 자신의 선택으로 받아들이려는 '운명애(運命愛)'이자 생을 향한 니체의 강력한 '자기 긍정의 의지'라 볼 수 있는 것이다.

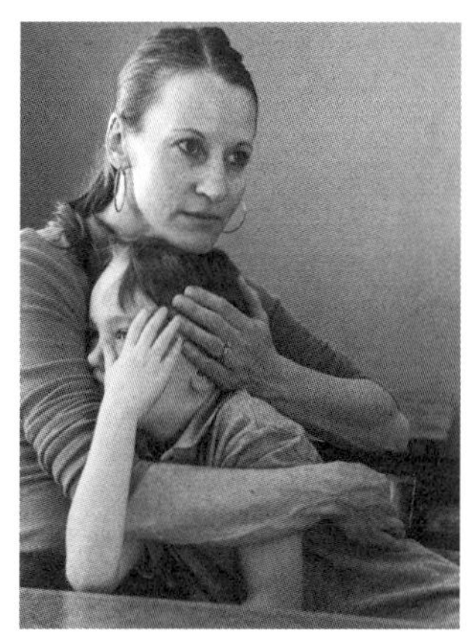

check
☐
139

자그마한 악의도 위험하다

Auch kleine Bosheiten sind gefährlich

#악행 #악의 #악행의 정직 #욕망

▶ 악행은 궤양과 같다. 간지럽고 잔뜩 긁힌 뒤에 터져 나온다. 악행은 정직하게 말한다. "보라, 나는 병에 걸렸다." 악행은 이와 같이 말한다. 이것이 악행의 정직이다.

하지만 자그마한 생각들은 균(菌)과 같아서 조금씩 퍼져 나가고, 몸속으로 숨어들어 보이지 않는다. 작은 균들로 말미암아 온몸이 썩어 시들 때까지.

Aber dem Pilze gleich ist der kleine Gedanke: er kriecht und duckt sich und will nirgendswo sein — bis der ganze Leib morsch und welk ist vor kleinen Pilzen.

● 『차라투스트라는 이렇게 말했다』

check

☐

140

'주는 것'의 미덕

Die Tugend, etwas zu geben

save

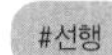 #선행 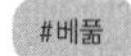 #베풂 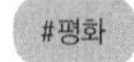 #평화 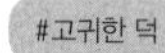 #고귀한 덕

▶ 남에게 주는 자는 마치 금처럼 빛난다. 금의 광택은 달과 해가 평화를 이루게 한다.

가장 고귀한 덕은 범상치 않으며, 쓸 곳이 없어도 부드럽게 빛난다. 남에게 주는 것이 가장 고귀한 덕이다.

Goldgleich leuchtet der Blick dem Schenkenden.

● 『차라투스트라는 이렇게 말했다』

check

□

141

베푸는 이의 품격

Die Würde des Gebers

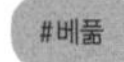

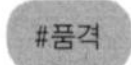

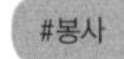

save

▶ 늘 다른 사람에게 베풀면서 아무것도 원하지 않는 데에 익숙해진 사람은 자신도 모르게 품격 있는 행동을 하기 마련이다.

Der Mensch beträgt sich unwillkürlich vornehm, wenn er sich gewöhnt hat, von den Menschen Nichts zu wollen und ihnen immer zu geben.

● 『인간적인, 너무나 인간적인』

check □

142

당신의 덕이란

Deine Tugend ist

#덕
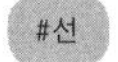
#선
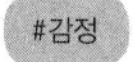
#감정
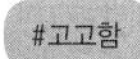
#고고함

save

▶ "내 영혼을 고통스럽거나 달콤하게 하며 또한 내 내장의 굶주림이기도 한, 표현할 수 없고 이름도 없는 것."

당신의 덕은 그 이름을 친숙하게 부르기에는 너무나 고고하다. 만약 당신이 이에 관해 말해야만 한다면, 당신이 말을 더듬더라도 부끄러워하지 마라.

"Unaussprechbar ist und namenlos, was meiner Seele Qual und Süsse macht und auch noch der Hunger meiner Eingeweide ist.

● 『차라투스트라는 이렇게 말했다』

check

□

143

뛰어넘는 철학

Überspringende Philosophie

save

#선악 #판단 #철학 #판단의 오류

▶ 판단의 오류는 우리에게 아직 판단에 대한 이의는 아니다. 우리의 새로운 언어는 여기서 가장 기이하게 들릴 수도 있다. 그 질문은 생명을 촉진시키고 생명을 유지하며, 종을 보존하고 어쩌면 오히려 이 종을 퍼트릴지도 모른다. (…) 진리가 아닌 것을 삶의 조건으로 인정하는 것. 바로 이것이 위험한 방식으로 익숙해진 가치 감정에 저항하는 일이다. 감히 이러한 일에 도전할 수 있는 철학은 이미 선악의 저편에 있는 것이다.

Die Falschheit eines Urtheils ist uns noch kein Einwand gegen ein Urtheil.

● 『선악의 저편』

그리스도교가 국교로 자리 잡았던 시대, 그리스도교의 절대적인 진리와 신의 존재를 부정했던 니체는 철학이야말로 진리가 아닌 것들도 삶의 조건으로 수용하며 기존의 가치에 저항할 수 있는 강력한 무기라고 보았다. 니체가 말하는 철학은 선과 악이라는 이분법으로 판단할 수 없는 선악을 넘어선 이념인 것이다. 기독교적 가치에 반하는 것들을 추구했기에 홀로 고군분투하며 자신의 신념을 고수해 나갔던 니체에게 있어 철학은 외로운 투쟁에 힘을 실어 준 든든한 무기이자 고독한 항해 중 바람에 맞서 줄 돛이었을 것이다. 이렇듯 니체를 살게 한, 당대에 철저히 무시당하고 외면받던 그의 철학은 세월이 흘러 시대와 세대를 아우르며 많은 이들에게 큰 울림을 주고 있으니, 생전에 조명받지 못한 안타까움에 위로가 된다. 어떠한 상황에서도 굴하지 않고 자신의 신념을 지켜 나갔던 위대한 사상가들은 결국 언젠가는 빛을 보게 된다는 것은 진리인 듯싶다. 스스로를 뛰어넘는 자, 니체야말로 그가 생전에 그토록 추구하던 이상적인 인간상인 '초인'이 아닐는지!

check

□

144

잘 준다는 것

Was gut zu geben ist

save

#선물 #지혜 #바르게 주기 #최후의 기술

▶ "너는 배웠구나. (…) 바르게 주는 것이 바르게 받기보다 어려우며, 잘 준다는 것은 하나의 기술이고 또한 선을 드러내는 명인의 기술 중 가장 교묘한, 최후의 기술이라는 것을 말이다."

"Und dass gut schenken eine Kunst ist und die letzte listigste Meister-Kunst der Güte."

● 『차라투스트라는 이렇게 말했다』

니체가 '선악과 도덕적 가치들'에 관해 말을 전하다

check
□

❶ '좋음'이라는 판단은 '좋다'고 증명된 사람들에게서 나온 것이 아니다!

❷ 형벌은 인간을 길들인다. 하지만 인간을 '더 낫게' 만들지는 않는다.

❸ 선과 악에 있어서 더 비루하거나 더 고상한 인간을 만드는 것은 보통 경험의 양이 아니라 경험의 질이다.

❹ 소위 선한 사람들과 함께 사는 사람은 동정으로 말미암은 거짓말을 배우게 된다.

❺ 너희가 가장 사랑하는 자기 자신이 바로 너희의 덕이다.

❻ 남에게 주는 자는 마치 금처럼 빛난다.

❼ 늘 다른 사람에게 베풀면서 아무것도 원하지 않는 데에 익숙해진 사람은 자신도 모르게 품격 있는 행동을 하기 마련이다.

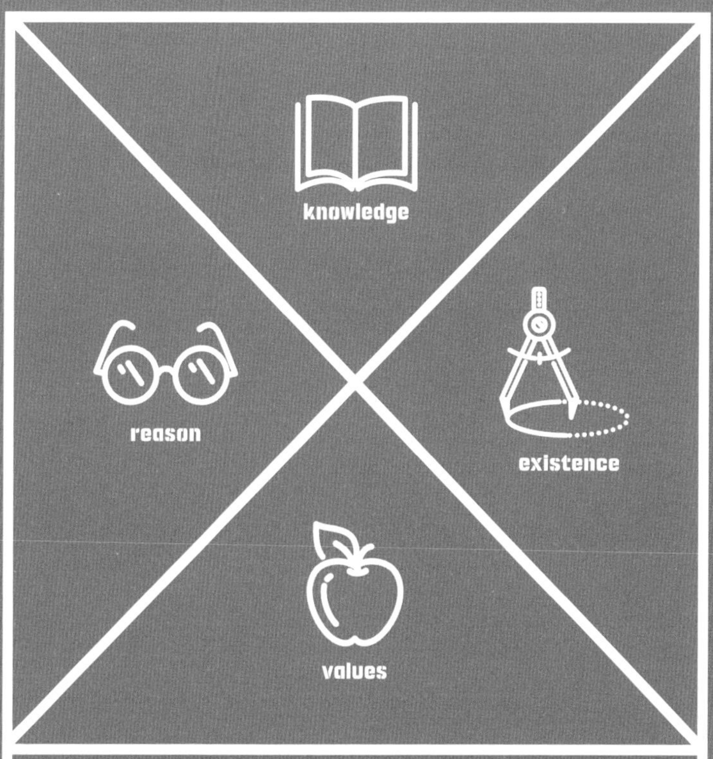

Part 10

니체가 '삶과 죽음'에 관해 말하다

진정 '자유로운 죽음'은 가능한가 죽음에 대한 진지한 물음을 남기고 고통과 병을 떠안은 채 떠난 니체

#죽음 #오랜 투병 #니체의 죽음관 #『차라투스트라는 이렇게 말했다』 #차라투스트라 #자유로운 죽음 #삶을 향한 의지 #자살 #죽음을 맞이하는 자세

▶ 모든 인간은 죽음을 피할 수 없다. 만인은 죽음 앞에 평등하다. 철학자에게도 예외는 없다. 1900년 8월 25일, 니체는 오랜 투병 끝에 세상을 떠났다. 늘 병과 함께했던 니체는 죽음에 대해서도 많은 이야기들을 남겼다. 특별히 그의 죽음관을 엿볼 수 있는 구절은 『차라투스트라는 이렇게 말했다』에 자주 나온다. 차라투스트라는 "적절한 때에 세상을 떠나야 한다."라고 가르친다. 차라투스트라는 "나는 나의 죽음을 그대들에게 권한다."라고도 한다. 여기서 말하는 나의 죽음이란 "내가 원해서 나를 찾는 자유로운 죽음"이다. 차라투스트라는 적절하지 못한 때에 죽음을 맞이하는 이들이 많다고 지적하고, 죽음이 진정한 축제가 되지 못한다고도 한다.

그러나 '자유로운 죽음'이 과연 어떻게 가능하다는 말인가. 그 누구도 자신이 어떤 죽음을 맞이할지 알 수 없다. 모든 사람이 자신이 원하는 순간에, 원하는 형태로 죽음을 맞이할 수만 있다면 좋겠지만, 이는 불가능하다. 그런데 니체는 바로 이 죽음이 죽음의 올바른 형태라 가르친다. 스스로가 원하는 죽음이라는 말은, 자살을 긍정하는 것처럼 해석될 여지도 있다. 그러나 니체가 자살을 긍정했다고 보아야 하는가? 자살을 긍정한다면, 이는 삶을 부정하는 것이 아닌가. 그러나 니체는 그 누구보다 삶을 향한 의지를 중시한 철학가다. 그런 니체가 '자유로운 죽음'을 강조한 것은, 죽음의 순간까지도 인간의 의지를 잃어선 안 된다고 생각했기 때문일 것이다. 삶의 반대편에 있는 것처럼 여겨지는 죽음마저도 삶의 한 부분이다. 인간의 의지와 상관없이 스스로를 찾아오는 죽음은 적절한 죽음이 아니라고 니체는 주장한다. 그러니 니체가 단순히 자살을 긍정했다고 보기는 어려울 것이다. 삶에 대한 의지를 잃어 택하는 자살은, 니체가 원하는 '자유로운 죽음'과 거리가 멀기 때문이다. 어떤 죽음을 맞이할 것인가에 대한 니체의 질문은, 역설적이게도 어떤 삶을 살아야 하는가에 대한 생각과 이어진다. 우리는 죽음을 통해 삶의 모습에 대해 다시 한번 생각해볼 수 있는 기회를 얻을 수 있는 것이다.

◀ 이탈리아의 영화감독 릴리아나 카바니의 영화 <선과 악을 넘어서>의 한 장면. 왼쪽은 루 살로메 역할을 맡은 프랑스의 배우 도미니크 샌다이고, 오른쪽은 니체 역할을 맡은 스웨덴의 배우 얼랜드 조셉슨이다.

▲ 니체의 여동생 엘리자베스는 극우 반유대주의자였던 푀르스터와 결혼한다. 니체는 푀르스터를 매우 싫어한다. 남편의 영향을 크게 받은 엘리자베스는 니체의 작품을 나치 사상의 근거로 활용하고자 한다. 심지어 그녀는 정신을 잃은 니체를 다른 사람들의 구경거리로 만들기도 한다.

▲ 위 사진은 니체의 사망 30주년 기념행사 때의 모습이다. 검은색 옷을 입고 앉아 있는 사람이 니체의 여동생 엘리자베스다. 아래 사진은 독일 뢰켄에 있는 니체의 묘지다. 1900년, 니체는 사망한 지 사흘 뒤에 자신이 태어난 곳에 있는 아버지와 어머니 무덤 곁에 묻힌다.

▶ 많은 사람이 너무 늦게 세상을 떠나고, 어떤 사람은 너무 빠르게 세상을 떠난다. "적절한 때에 세상을 떠나야 한다!" 이 가르침은 여전히 이상하게 들린다.

"적절한 때에 세상을 떠나라."
차라투스트라는 이렇게 가르친다.

(…)

나는 나의 죽음을 그대들에게 권한다. 내가 원해서 나를 찾는 자유로운 죽음을.

● 『차라투스트라는 이렇게 말했다』

Meinen Tod lobe ich euch, den freien Tod, der mir kommt, weil ich will.

▶ 내가 언젠가 보았던 / 그의 죽음처럼, 나도 그렇게 죽고 싶다. / 그 친구는 / 나의 어두운 유년 시절을 향해 신처럼 / 번개와 눈길을 던졌다. / 변덕스럽고 깊은 그 눈길을, / 전쟁터에서는 댄서 같았던…….

(…)

승리를 거두었음에 환호하고, / 죽어 가며 승리했음에 환호하고 / 죽어 가며 명령하고 / 파괴하라고 명령했다.
내가 언젠가 보았던 그의 죽음처럼, / 나도 그렇게 죽고 싶다. / 승리하며, 파괴하며…….

● 『디오니소스 송가』

So sterben, wie ich ihn einst sterben sah: siegend, vernichtend.......

check

☐

145

인생은 방랑 혹은 산을 오르는 일

Das Leben ist wie eine Wanderung oder eine Bergbesteigung

#인생 #경험 #차라투스트라 #방랑

▶ 차라투스트라는 스스로에게 말했다. 나는 방랑하는 자이며, 산을 오르는 자다. 나는 평탄한 곳들을 사랑하지 않으며, 오랜 시간 동안 가만히 앉아 있지 못하는 사람일 테다.
또 어떠한 운명과 경험이 내게로 찾아오든, 방랑과 산을 오르는 일만이 그곳에 존재할 것이다. 인간은 결국 오로지 자기 자신만 경험한다.

Ich bin ein Wanderer und ein Bergsteiger.

● 『차라투스트라는 이렇게 말했다』

check

☐

146

영원으로 향하는 길

Der Weg zur Ewigkeit

#영원 #운명 #순간

save

▶ 이 기다랗고 좁은 길은 뒤로 향한다. 이 길은 영원토록 이어진다. 그리고 바깥으로 향하는 이 기다랗고 좁은 길은 다른 영원으로 향한다. 이 길들은 서로 모순된다. 정면으로 머리를 맞부딪힌다. 그리고 이곳, 이 성문으로 향하는 길이 바로 두 길이 합쳐지는 곳이다. 그 길 위에는 '순간'이라는 이름이 적혀 있다. (…) 달릴 수 있는 모든 것들은 진작 틀림없이 이 오솔길들을 달려 본 적이 있지 않겠는가? 일어날 수 있는 모든 일들은 이미 일어났고, 행해졌으며, 통과해 달려가지 않았겠는가?

Der Name des Thorwegs steht oben geschrieben: 'Augenblick'.

● 『차라투스트라는 이렇게 말했다』

check
☐
147

삶을 대하는 자세

Die Haltung gegenüber dem Leben

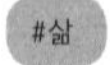

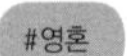

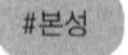

▶ 고결한 영혼의 본성은 아무것도 거저 얻지 않는 것을 원한다. 최소한 삶에서는.

천한 사람들은 거저 살기를 바란다. 하지만 다른 사람들, 삶이 스스로에게 준 대로 사는 사람들은 언제나 생각한다. 우리가 삶에 줄 수 있는 가장 큰 것이 무엇인지를 말이다!

Wir sinnen immer darüber, was wir am besten dagegen geben!

● 『차라투스트라는 이렇게 말했다』

주지하다시피 니체는 비겁하고 수동적인 인간의 나약한 태도를 가장 경멸하며 모두가 긍정적인 삶의 태도를 지니며 스스로의 인생을 개척해 나가기를 소망했다. 그 과정에서 기존의 가치관과 맞서야 한다면 기꺼이 싸워 이겨 내길 바랐다. 또한 기존의 것을 허물어트리는 것에서 끝나는 게 아닌, 투쟁한 그 자리에는 폐허 대신 새로운 무언가가 창조되어야 한다고 설파했다. 니체에게 있어 파괴는 창조의 또 다른 이름이었던 것이다. 도전도 성취도 없이 현실에 만족하고 안주하며 살 것인가, 넘어지고 깨질 것을 알면서도 새로운 목표를 향해 기꺼이 온몸으로 부딪치는 인생을 살 것인가. 니체는 당연히 능동적이고 역동적인 후자의 삶을 지향했다. 쉽게 얻은 것은 그 가치를 쉽게 잃기 마련이란 것을, 힘겹게 성취한 것은 그만큼 더 값지다는 것은 모두가 알고 있는 진리 아니겠는가. 과연 우리는 우리 자신에게 어떠한 삶을 선물할 것인지 니체의 말에 조금이라도 마음이 움직인 독자들이라면 곰곰이 생각해 보기를 바란다.

check

□

148

정말 소중한 것

Etwas wirklich wichtiges

#최고의 행복 #욕심 #작은 것

save

▶ 바로 가장 적은 것이, 가장 조용한 것이, 가장 가벼운 것이, 도마뱀이 바스락거리는 소리가, 숨결이, 순간의 움직임이, 한 번의 시선이……. 이 작은 것들이 최고의 행복을 만든다.

Wenig macht die Art des besten Glücks.

●『차라투스트라는 이렇게 말했다』

"가장 소중한 것은 눈에 보이지 않는다."라고 말했던 생텍쥐페리의 동화 『어린 왕자』의 한 구절이 떠오른다. 미국의 작가이자 사회복지사업가 헬렌 켈러(Helen Keller, 1880-1968)는 우리가 잘 알고 있듯이 시각과 청각 장애가 있었다. 그녀 역시 "가장 소중한 것은 눈에 보이거나 만져지는 것이 아닌 가슴으로 느끼는 것이다."라고 말한 바 있다. 우리는 일반적으로 행복을 아주 큰 것이라고 여기면서 우리에게 찾아온 소소한 것들의 소중함을 잊고 지낼 때가 많다. 흔히 네잎 클로버는 '행운'을 상징한다고들 하지만, 네잎클로버 곁에서 무성하게 자라는 세잎 클로버는 '행복'을 뜻한다는 말도 있지 않은가. 네잎 클로버라는 행운을 찾기 위해, 이 행운에만 몰두한 나머지 우리 주변에 있는 수많은 행복, 즉 세잎 클로버들을 놓치지 않기를 바란다. 불행하지 않았던, 우리에게 주어진 지극히 평범한 모든 날들이 행복이었음을 깨달았으면 좋겠다. 어린 왕자와 헬렌 켈러가 시공간을 뛰어넘어 우리에게 건네준 따스한 말, 가장 소중한 것은 눈이 아닌 마음으로 보고 느껴야 한다는 이 한마디를 모두가 오래도록 기억해 주었으면 좋겠다. 가슴에 깊이 새겨 주었으면 좋겠다.

▶ 1943년에 발행된 『어린 왕자』 초판본 표지. 프랑스의 소설가 생텍쥐페리는 『어린 왕자』를 통해 문학적으로 도약한다. 이 작품은 어린이를 위한 동화이기도 하지만, 현대인을 위한 우화이기도 하다.

check

☐

149

감당하기 힘든 삶

Ein schwer erträgliches Leben

save

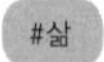

#삶

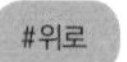

#위로

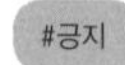

#긍지

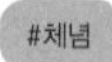

#체념

▶ 당신들은 나에게 "삶이 감당하기 어렵다."라고 말한다. 하지만 당신들은 무엇 때문에 아침에는 긍지를 가졌다가 저녁에는 체념하는가? 삶은 감당하기 어렵다. 하지만 내게 그렇게 연약하게 굴지 마라! 우리 모두는 귀여운, 짐을 진 나귀들이다.

Aber wozu hättet ihr Vormittags euren Stolz und Abends eure Ergebung?

● 『차라투스트라는 이렇게 말했다』

check

□

150

하루를 잘 시작하려면

Wenn man den Tag gut beginnen möchtet

save

#행복 #하루 #시작 #기쁨 주기

▶ 매일매일을 잘 시작하기 위해 가장 좋은 방법이 있다. 일어났을 때 그날 적어도 한 사람에게 한 가지의 기쁜 일을 만들어 줄 수 있을지 생각해 보는 것이다.

Beim Erwachen daran zu denken, ob man nicht wenigstens einem Menschen an diesem Tage eine Freude machen könne.

● 『인간적인, 너무나 인간적인』

check

□

151

강력한 자극제

Das Starke Reizmittel

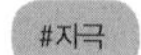

#삶 #자극 #좋은 것

▶ 모든 좋은 것들은 삶에 강력한 자극을 주는 수단이 되기도 한다. 삶에 반하는 말들이 적혀 있는 책조차 그렇다.

Alle guten Dinge sind starke Reizmittel zum Leben, selbst jedes gute Buch, das gegen das Leben geschrieben ist.

● 『인간적인, 너무나 인간적인』

좋은 책이란 좋은 영화란 무엇일까. 독서와 영화 감상이라는 보통 사람의 보통 취미를 가지고 있는 필자는 그것들의 정의에 대해 생각해 본 적이 있다. 혹자는 이 책을 읽고, 이 영화를 보고 몹시 불쾌해졌다며 다시는 그 책과 영화를 보고 싶지 않다고, 시간 낭비였다고 말하기도 한다. 그러나 나를 불쾌하게 만드는 것들이 꼭 나쁜 것일까.

물론 불쾌함은 인간이 피하고 싶은 감정 중 하나일 것이다. 시간과 돈을 들여 불쾌해지고 싶은 사람은 없을 테니까. 다만 그 불쾌함을 어떻게 받아들이냐에 따라 이 감정 역시 생산적인 불쾌함이 될 수도 있을 것이다. 인간의 내면에는 수많은 감정이 존재한다. 어떤 대상으로부터 불쾌하다는 인상을 받았다는 것은 그 대상이 내 안에 있는 불쾌함을 자극했기 때문이다. 가능한 한 우리는 우리 안에 있는 불쾌함을 건드리고 싶지 않을 뿐이다. 누구나 피하고 싶고 덮어두고 싶은 이 감정이 유발될 때 우리는 힘겨울 수밖에 없다. 그러나 그 힘겨운 감정 역시 우리가 살아있다는 방증이기에 희로애락(喜怒哀樂)에 더해 애오욕(愛惡慾)까지 인간이 느낄 수 있는 모든 감정을 충분히 누리길 바란다. 유쾌한 감정은 행복으로, 불쾌한 감정은 또 그 나름대로 성장의 밑거름으로 작용하게 될 테니까. 어둠이 있어야 빛이 있듯이, 지루하고 고된 일상을 지나야 휴식이라는 달콤함도 느낄 수 있으니까. 유쾌함도 불쾌함도 가능하면 많이 겪어 보길 바란다. 그리하여 불쾌함마저도 담담하게 받아들이고 때로는 여유로운 마음으로 넘길 수 있는 보다 넓고 깊은 사람이 되라. 이는 모두에게 바라는 소망이자 필자 스스로를 향한 다짐이기도 하다.

check

☐

152

견고하며 끄떡없는

Stabil und fest

save

#삶의 지평선 #행복 #의지

▶ 만일 인간이 산과 숲의 선과 같이 견고하며 끄떡없는 삶의 지평선을 지니고 있지 못하다면, 인간의 가장 내면에 자리한 의지 역시 도시인의 본성처럼 떠들썩하고 산만하며 인색해질 것이다. 이런 사람들에게는 행복이 없으며, 이들은 남에게 행복을 주지도 못한다.

Er hat kein Glück und giebt kein Glück.

● 『인간적인, 너무나 인간적인』

주변 환경에 휘둘리지 않고 확고한 자기 신념을 가진 사람들을 우리는 흔히 '심지가 굳다'고 말한다. 심지(心志)란 말 그대로 마음의 의지를 뜻한다. 의지가 굳고 강한 사람은 불어오는 바람에 쉽게 흔들리

지 않고 꿋꿋하게 자신의 길을 향해 간다. 자기 자신이 스스로 진정한 주인이 되어 삶을 이끌어가는 주체적인 사는 사람은 실패를 해도 크게 후회하거나 좌절하지 않는다. 도전을 두려워하지 않으며 모험을 즐기기도 한다. 이렇듯 긍정적인 마음가짐으로 자기 자신의 한계를 뛰어넘기 위해 부단히 노력하는 사람이야말로 니체가 바라는 궁극적인 인간상 위버멘쉬, 바로 초인인 것이다. 자기 자신을 극복하는 과정에서 우리는 자연스럽게 자신의 행복도, 남에게 베풀 수 있는 너그러운 마음도 얻게 될 것이다. 어떻게 해야 내면의 심지를 견고하게 할 수 있을까. 세상에 완벽한 정답은 없을 테니 필자의 답이 결코 정답이 될 수는 없겠지만, 해답 정도는 되리라고 자신한다. 그 답은 바로 '독서'다. 내 안에 그 누구도 침범할 수 없는 견고한 성을 쌓기 위해 우리는 책을 읽어야 하는 것이다. 나 자신을 지켜줄 내면의 단단한 세계를 구축하기 위해서는 반드시 독서가 필요하다는 사실을 기억하라. 독서의 중요성은 거듭 강조해도 지나치지 않으리.

check

☐

153

극중극

Ein Spiel Im Spiel

#희극 #호의적 미소 #박수

save

▶ 반짝이는 눈과 호의적인 미소는 세계와 삶의 희극을 향해 선사하는 아주 대단한, 일종의 박수다. 하지만 동시에 이는 "박수를 부탁하오."라며 다른 청중을 유혹하려는 희극 중 희극이기도 하다.

Aber zugleich eine Komödie in der Komödie, welche die andern Zuschauer zum "plaudite amici" verführen soll.

● 『인간적인, 너무나 인간적인』

check

□

154

인생을 뜯어보면

Wenn mann sein Leben eingehend anschaut

#인생 #개인 #희극 #비극

▶ 모든 개인은 개인으로 존재하는 한 희극적이므로 비극적이지 않다.

Alle Individuen als Individuen komisch und damit untragisch seien.

● 『비극의 탄생』

check

□

155

건강한 몸의 목소리에 귀를 기울여라

Hör zu auf die Stimme des gesunden Körpers

#건강한 몸 #순수 #정직 #대지의 뜻

▶ 형제들이여, 차라리 건강한 몸의 목소리에 귀를 기울여라. 그것이 더욱 정직하며 보다 순수한 소리다.

건강한 몸, 완전하고 반듯한 몸은 정직하고 더욱 순수하게 말한다. 바로 이 몸이 대지의 뜻을 전해 준다.

Redlicher redet und reiner der gesunde Leib, der vollkommne und rechtwinklige.

● 『인간적인, 너무나 인간적인』

그리스도교에서는 식욕, 성욕, 수면욕과 같은 인간의 본능적인 욕구를 반드시 절제해야 하는 것이라고 설파했다. 몸의 소리를 따르고자 했던 니체가 그리스도교에 반기를 든 것은 이 때문이기도 하다. 니체는 그의 저서 『차라투스트라는 이렇게 말했다』에서 "육체 안에 진정한 자신이 살고 있다"라고 말한 바 있다. 인간의 육체가 거대한 이성이며, 이성은 육체의 작은 도구에 불과하다는 것이다. 니체의 이러한 사상은 당시, 육체적 욕구를 멀리하고 정신을 앞세웠던 19세기 유럽을 지배하던 그리스도교 사상과는 상반되는 견해였기에 그가 이단자로 취급받은 것은 당연한 일이었다. 그러나 니체는 당당히 당대의 가치관과 맞서며 자신의 신념을 고수했다. 니체는 우리가 무엇을 해도 의욕이 생기지 않고 힘들고 괴로울 때 마음껏 먹고 충분히 자야 한다고 말한다. 몸의 소리에 따라 우리 몸이 원하는 것을 해 줘야 삶에 활력이 생긴다는 것이다. 현대인들이 스트레스를 풀기 위해 폭식과 과음을 하고 휴일이면 온종일, 혹은 몇날며칠을 잠을 자는 데 시간을 보내는 것도 이와 다르지 않으리라. 정신이야말로 육체를 지배하는 절대적인 것으로 믿어 왔던 시대에 니체는 "건강한 신체에 건전한 정신이 깃든다."라는 진리를 홀로 꿋꿋하게 실현하고자 했던 것이다.

check

□

156

언제 죽는 것이 가장 적절한가

Wann ist die richtige Zeit zu sterben

#죽음 #자유 #적절한 때 #차라투스트라

▶ 많은 사람이 너무 늦게 세상을 떠나고, 어떤 사람은 너무 빠르게 세상을 떠난다. "적절한 때에 세상을 떠나야 한다!" 이 가르침은 여전히 이상하게 들린다.

"적절한 때에 세상을 떠나라."

(…)

나는 나의 죽음을 그대들에게 권한다. 내가 원해서 나를 찾는 자유로운 죽음을.

Meinen Tod lobe ich euch, den freien Tod, der mir kommt, weil ich will.

● 『차라투스트라는 이렇게 말했다』

check

□

157

그렇게 죽고 싶다

Ich möchte so sterben

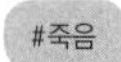

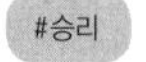

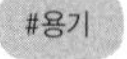

#파괴

▶ 내가 언젠가 보았던 / 그의 죽음처럼, 나도 그렇게 죽고 싶다. / 그 친구는 / 나의 어두운 유년 시절을 향해 신처럼 / 번개와 눈길을 던졌다. / 변덕스럽고 깊은 그 눈길을, / 전쟁터에서는 댄서 같았던…….

(…)

승리를 거두었음에 환호하고, / 죽어 가며 승리했음에 환호하고 / 죽어 가며 명령하고 / 파괴하라고 명령했다.

내가 언젠가 보았던 그의 죽음처럼, / 나도 그렇게 죽고 싶다. / 승리하며, 파괴하며…….

So sterben, wie ich ihn einst sterben sah: siegend, vernichtend.......

● 『디오니소스 송가』

니체가 '삶과 죽음'에 관해 말을 전하다

check

□

❶ 이 작은 것들이 최고의 행복을 만든다.

❷ 나는 방랑하는 자이며, 산을 오르는 자다.

❸ 하지만 당신들은 무엇 때문에 아침에는 긍지를 가졌다가 저녁에는 체념하는가?

❹ 모든 좋은 것들은 삶에 강력한 자극을 주는 수단이 되기도 한다.

❺ 모든 개인은 개인으로 존재하는 한 희극적이므로 비극적이지 않다.

❻ 건강한 몸, 완전하고 반듯한 몸은 정직하고 더욱 순수하게 말한다.

❼ 나는 나의 죽음을 그대들에게 권한다. 내가 원해서 나를 찾는 자유로운 죽음을.

❽ 내가 언젠가 보았던 그의 죽음처럼, 나도 그렇게 죽고 싶다. 승리하며, 파괴하며……

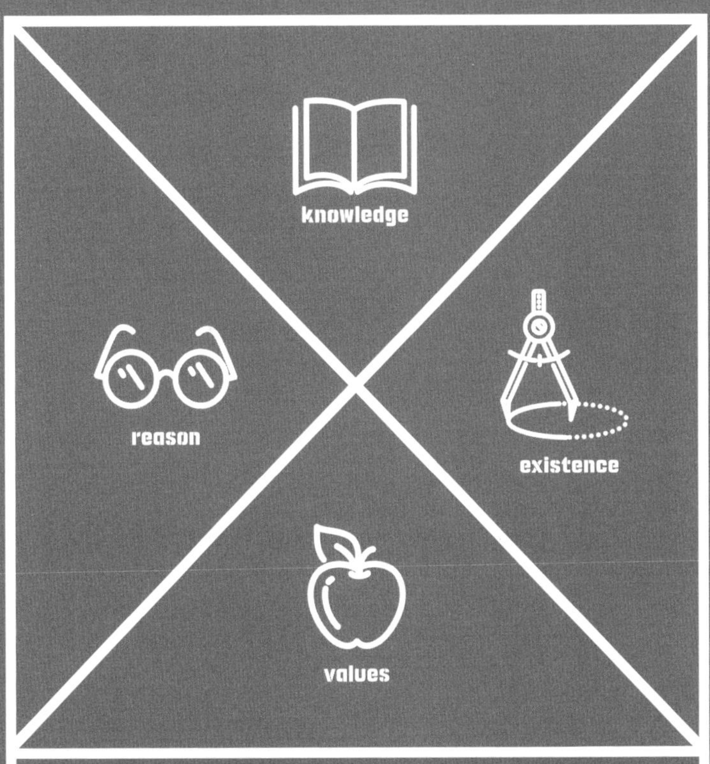

Part 11

니체가 '지혜로운 삶'에 관해 말하다

'힘에의 의지'를 주문하기 위해 적극적이고 능동적인 삶을 위해 무한 반복되는 '영원회귀'를 주장하다

#초인 #힘에의 의지 #영원회귀 #불교 윤회사상 #무한 반복 #수동적 허무주의 #무의미 #적극적인 삶 #긍정적인 삶

▶ 니체는 철학사에 많은 개념을 남겼다. 그중 '초인'과 '힘에의 의지'와 함께 자주 언급되는 개념이 바로 '영원회귀'다. 영원회귀란 무엇일까? 아주 간단하게 말하자면, 삶이 영원히 반복된다는 말이다. 얼핏 보면 불교의 윤회사상과 비슷해 보이기도 한다. 하지만 불교의 윤회사상과는 다르게, 니체가 말하는 영원회귀는 그야말로 같은 삶이 계속해서 반복된다는 개념이다. 이러한 소재는 대중문화에도 종종 등장할 정도로 익숙한 내용이지만, 니체는 대체 왜 '영원회귀'를 주장한 것일까? 같은 삶이 무한히 반복된다고 상상해보자. 내가 지금까지 겪었던 모든 일들, 앞으로 죽는 순간까지 겪을 모든 일들이 사실 무한히 반복되고 있는 중이라면? 그 사실을 알게 된 인간은 어떻게 살아가야 할까? 어차피 또 되풀이될 삶, 그냥 대충 하루하루를 넘겨야 할까? 그러나 이것은 니체가 그토록 비난했던 수동적 허무주의와 비슷하지 않은가.

니체의 영원회귀를 말할 때 빼놓을 수 없는 것이 있다. 바로 힘에의 의지다. 힘에의 의지 없이 하루하루 허무하게 살아가는 인간이 있다면, 그의 삶은 아무리 반복된다 한들 의미가 없다. 그러나 힘에의 의지를 지니고 하루하루를 특별하게 살아가는 사람이 있다면 어떨까? 적극적으로 매일매일을 개척하고, 더욱 나은 자신이 되고자 하는 이의 삶이 무한히 반복된다면, 그의 삶이란 그 무엇보다 긍정적인 삶이 아닐까? 인간 개개인이 하루하루를 살아갈 때 힘에의 의지를 가지고 살아갈 수 있다면, 무한히 반복되는 삶 가운데서도 적극적으로 자신의 삶을 살아낼 수 있다면 그가 바로 '초인'일 것이다. 니체의 영원회귀 사상이 우리에게 주문하는 것은, 자기자신에게 주어진 삶을 더욱 긍정적으로 바꿀 수 있도록 하는 '힘에의 의지'인 것이다.

▲ 독일 나움부르크에 있는 니체 동상. 1850년 뢰켄에 새 목사가 부임하자, 니체는 어머니, 여동생과 함께 할머니와 두 고모가 살고 있던 나움부르크로 이사해 여자들 사이의 유일한 남자아이로 자란다.

▶ 우리는 자신이 꽤 괜찮다고 생각하면서도 스스로가 라파엘로 작품의 초안을 그리거나 셰익스피어 희곡에 나오는 장면을 쓸 수 있으리라 기대하지는 않는다. 따라서 우리는 그런 재능이 너무나도 훌륭한 것이든가 아주 드문 우연, 혹은 종교적으로 하늘이 내려 준 은혜라고 믿는다. (…) 왜냐하면 천재가 마치 기적과도 같이 우리에게서 먼 존재일 때에만 그들이 우리의 마음을 상하게 하지 않기 때문이다.

●『인간적인, 너무나 인간적인』

Denn nur wenn dieser ganz fern von uns gedacht ist, als ein miraculum, verletzt er nicht.

▶ 대중이 위대하다고 부르는 사람이 되는 방법은 쉽다. 어떠한 상황에서도 그들을 아주 기쁘게 할 만한 무언가를 주거나, 혹은 이런저런 것들이 매우 만족스러우리라는 마음을 그들의 머릿속에 심어 준 후 그것을 주면 된다. 하지만 이를 곧바로 거저 주어서는 안 된다. 매우 애를 써야 얻을 수 있게끔 하거나 최소한 애를 쓴 것처럼 보여야 얻을 수 있게 해야 한다.

● 『인간적인, 너무나 인간적인』

Unter allen Umständen verschaffe man ihr Etwas, das ihr sehr angenehm ist, oder setze ihr erst in den Kopf, dass diess und jenes sehr angenehm wäre, und gebe es ihr dann.

check
□
158

어떤 지혜가 필요한가

Welche Weisheit brauchen wir

#지식 #지혜 #지적 양심

▶ 얼치기 지식을 많이 지닌 것보다는 차라리 무지가 낫다! 스스로 행하는 바보가 남의 판단을 따르는 현자보다 낫다! 나는 바닥으로 향한다.

(…)

손바닥만 한 바닥. 사람들은 그 위에라도 설 수 있다. 올바른 지적 양심에는 크고 작음이 없다.

In der rechten Wissen-Gewissenschaft giebt es nichts Grosses und nichts Kleines.

● 『차라투스트라는 이렇게 말했다』

check

□

159

무엇이 느껴지는가

Was fühlst du

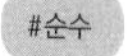
#순수

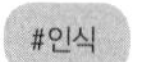
#인식

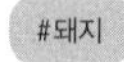
#돼지

save

▶ "순수한 이들에게는 모든 것이 순수하게 느껴진다." 사람들은 이렇게 말하곤 한다. 하지만 나는 이렇게 말한다. 돼지들에게는 모든 것이 돼지같이 느껴진다고 말이다!

Ich aber sage euch: den Schweinen wird Alles Schwein!

● 『차라투스트라는 이렇게 말했다』

check

□

168

거짓이란

Was ist Lüge

save

#거짓 #평범한 거짓 #자기 기만

▶ 나는 보고 있는 것을 보려 하지 않는 것, 보이는 대로 보려 하지 않는 것을 거짓이라고 부른다. 그 거짓의 증인이 있든 없든 이는 문제가 아니다. 가장 평범한 거짓은 네가 너 자신을 기만하는 것이다. 다른 사람을 속이는 것은 상대적으로 예외인 경우다.

Die gewöhnlichste Lüge ist die, mit der man sich selbst belügt.

● 『안티크리스트』

check

☐

161

천재 예찬

Den Kultus des Genius

#천재 #재능 #은혜 #먼 존재

save

▶ 우리는 자신이 꽤 괜찮다고 생각하면서도 스스로가 라파엘로 작품의 초안을 그리거나 셰익스피어 희곡에 나오는 장면을 쓸 수 있으리라 기대하지는 않는다. 따라서 우리는 그런 재능이 너무나도 훌륭한 것이든가 아주 드문 우연, 혹은 종교적으로 하늘이 내려 준 은혜라고 믿는다. (…) 왜냐하면 천재가 마치 기적과도 같이 우리에게서 먼 존재일 때에만 그들이 우리의 마음을 상하게 하지 않기 때문이다.

Denn nur wenn dieser ganz fern von uns gedacht ist, als ein miraculum, verletzt er nicht.

● 『인간적인, 너무나 인간적인』

check

□

162

지나쳐야 하는 곳

Ein Ort zum Durchschreiten

#사랑할 수 없는 곳 #스침 #교훈

▶ 나는 이 얼간이들은 물론, 이 커다란 도시까지 역겹다. 이곳이든 저곳이든 더 좋아질 것도, 더 나빠질 것도 없다.

(…)

멍청한 자인 너에게 작별을 고하며 이 교훈을 주겠노라. 더 이상 사랑할 수 없는 곳은 지나쳐 버려야 한다!

Wo man nicht mehr lieben kann, da soll man — vorübergehn!

● 『차라투스트라는 이렇게 말했다』

check

☐

163

'성공'이 가져다주는 것

Was der Erfolg bringt

save

#성공 #실패 #정치가 #정직

▶ 성공은 자주 어떤 행동에 완전하고 정직한 양심의 빛을 비춘다. 반면 실패는 가장 존경받을 만한 행동에도 양심의 가책이라는 그림자를 드리운다. 이는 정치인들의 잘 알려진 실천으로 이어진다. 정치가들은 생각한다. '내게 성공만을 달라. 나는 성공을 통해 모든 정직한 영혼들도 내게로 이끌 수 있었으며, 또한 나 자신에게도 정직할 수 있게 되었다.'

Der Erfolg giebt oft einer That den vollen ehrlichen Glanz des guten Gewissens, ein Misserfolg legt den Schatten von Gewissensbissen über die achtungswürdigste Handlung.

● 『인간적인, 너무나 인간적인』

check

□

164

불쾌한 말

Ein übeles Wort

#지혜 #날카로운 비판 #철학자

save

▶ 사람들은 철학자가 우리에게 불쾌한 말들을 늘어놓을 때 그를 더 날카롭게 비판한다. 하지만 오히려 그의 말들이 우리에게 만족을 줄 때, 그를 더 날카롭게 비판하는 편이 옳을 것이다.

Und doch wäre es vernünftiger, diess zu thun, wenn sein Satz uns angenehm ist.

● 『인간적인, 너무나 인간적인』

"몸에 좋은 약일수록 입에 쓰다."라는 말처럼 우리에게 피가 되고 살이 되는 말들 중에는 쓰고 아픈 것들이 많다. 사람이라면 누구나 달콤하고 유쾌한 칭찬 같은 좋은 말만 듣고 싶을 것이다. 그러나 니체는 이러한 감언이설(甘言利說)을 경계하고 조심해야 한다고 말한다. 진정으로 상대방을 위하는 마음이 있다면 때로는 상대방에게 미움과 원망을 받을 것을 감내하면서도 조언을 해 줄 필요가 있기 때문이다. 그저 듣기 좋고 기분 좋은 달콤한 말들만 받아들일 것인지, 지금 당장은 가슴이 아프도록 쓰디쓰게 들리지만 자아를 성찰하며 그 괴로움을 꿋꿋하게 딛고 발전의 계기로 삼을 것인지는 여러분 각자의 선택에 달려 있다. 여기서 놓치지 말아야 할 점이 있다. 때로는 충고나 조언이라는 이름으로 상대방에게 큰 상처를 주는 말을 하는 사람이 있다. 이렇듯 영양가가 전혀 없는 말은 말하는 사람의 욕구를 배설하고 자기만족을 위한 독설일 뿐이다. 이러한 독설은 인생의 밑거름이 되는 쓴소리와 명확하게 구별되어야 한다.

check

☐

165

대중을 즐겁게 하는 것

Etwas, das die Masse erfreut

save

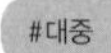

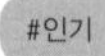

#위대한 사람 #애쓰다

▶ 대중이 위대하다고 부르는 사람이 되는 방법은 쉽다. 어떠한 상황에서도 그들을 아주 기쁘게 할 만한 무언가를 주거나, 혹은 이런저런 것들이 매우 만족스러우리라는 마음을 그들의 머릿속에 심어 준 후 그것을 주면 된다. 하지만 이를 곧바로 거저 주어서는 안 된다. 매우 애를 써야 얻을 수 있게끔 하거나 최소한 애를 쓴 것처럼 보여야 얻을 수 있게 해야 한다.

Unter allen Umständen verschaffe man ihr Etwas, das ihr sehr angenehm ist, oder setze ihr erst in den Kopf, dass diess und jenes sehr angenehm wäre, und gebe es ihr dann.

● 『인간적인, 너무나 인간적인』

check

□

166

모든 평가는 미성숙하다

Alle Urteile sind unreif

#가치 #평가 #불공정 #미성숙

▶ 삶의 가치에 관한 모든 판단은 비논리적으로 발달해 와서 불공정하다. (…) 예를 들면, 아무리 가까운 사람이라 할지라도 그에 대한 어떤 경험도 완전할 수 없다. 따라서 우리가 그에 대해 전반적으로 평가를 내리기에는 논리적 정당성이 부족하다. 모든 평가는 미성숙하며, 어쩔 수 없이 미성숙할 수밖에 없다.

Alle Urtheile über den Werth des Lebens sind unlogisch entwickelt und desshalb ungerecht.

● 『인간적인, 너무나 인간적인』

check

☐

167

차갑고 뜨거운

Kalt und heiß

▶ 빨리 불붙는 사람은 그만큼 빨리 차가워져서 완전히 믿기 어렵다. 이런 이유로 늘 차갑거나 혹은 차가운 척하는 사람이 특별히 신뢰가 가고 믿을 만하다는 선입견이 있다. 이는 사람들이 천천히 불이 붙어 이를 오래 유지하는 사람과 차가운 사람을 혼동한 결과다.

Man verwechselt sie mit Denen, welche langsam Feuer fangen und es lange festhalten.

● 『인간적인, 너무나 인간적인』

쉽게 달아오르면 쉽게 식는다는 말이 있다. 우리는 쉽게 흥분하고 쉽게 가라앉는 사람을 신뢰하지 않는다. 지나치게 감정적이기에 절제

능력이 부족하다고 느끼기 때문이다. 반면에 우리는 어떠한 상황에서도 쉽게 동요하지 않고 늘 침착함을 유지하는 사람을 신뢰한다. 자신의 감정을 잘 컨트롤할 수 있는 이성적인 사람이라고 생각하기 때문이다. 그러나 니체의 말처럼 시종일관 냉정을 유지하는 사람과 눈에 띄지 않게 서서히 달아오르는 사람은 엄연히 다르다. 냉정하다는 것은 이성적인 것일 수도 있지만 감정에 쉽게 반응하지 않는 무감각한 것일 수도 있기 때문이다. 우리는 무감각한 사람보다는 이성적으로 서서히 감정의 흐름에 몸을 맡기는 사람에게 호감을 느끼며 신뢰한다. 냉철한 이성을 지닌 사람과 무감각한 사람, 그리고 서서히 감정을 드러내는 사람을 구별할 줄 아는 것에서부터 제대로 된 인간관계가 시작되는 것인지도 모른다.

check

□

168

약간의 어리석음

Ein bisschen Dummheit

#어리석음 #진리 #덕 #모방

save

▶ 다른 사람에게 좋은 예시를 제시하고 싶을 때는 자신의 덕에 약간의 어리석음을 더해야 한다. 그렇게 하면 사람들은 이를 모방하고 동시에 모방한 것으로부터 변화할 수 있다. 사람들은 이를 사랑한다.

Wer ein gutes Beispiel geben will, muss seiner Tugend einen Gran Narrheit zusetzen.

●『인간적인, 너무나 인간적인』

check

□

169

'충분한' 사고와 감각

Ausreichende Gedanken und Sinne

#생각 #감각 #깊은 사고 #지혜로움

▶ 충분히, 그리고 깊이 사고하는 사람은 얼굴뿐 아니라 몸도 지혜롭게 보인다.

(…)

제대로 보지 못하는 사람은 점점 더 적은 것을 보게 되고, 제대로 듣지 못하는 사람은 더 많은 것을 듣게 된다.

Wenn Einer viel und klug denkt, so bekommt nicht nur sein Gesicht, sondern auch sein Körper ein kluges Aussehen.

● 『인간적인, 너무나 인간적인』

check

□

178

다른 사람의 죄

save

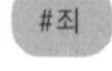

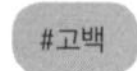

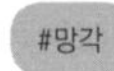

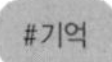

▶ 자신의 죄를 다른 사람에게 고백한 자는 이내 그 죄를 잊어버린다. 하지만 보통 다른 사람은 그 죄를 잊어버리지 않는다.

Man vergisst seine Schuld, wenn man sie einem Andern gebeichtet hat, aber gewöhnlich vergisst der Andere sie nicht.

● 『인간적인, 너무나 인간적인』

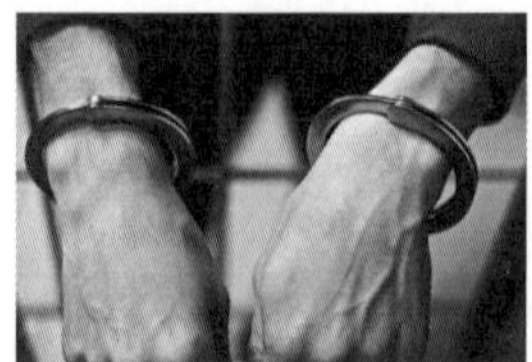

check

□

171

근면함과 양심

Fleiß und Gewissen

save

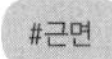 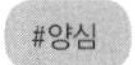 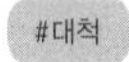

#근면 #양심 #대척

▶ 근면함과 양심은 자주 대척점에 선다. 근면함은 나무에서 설익은 열매를 따려 하지만, 양심은 나무에 매달린 열매를 너무 오래 두는 바람에 결국 떨어져 망가지게 하기 때문이다.

Fleiss und Gewissenhaftigkeit sind oftmals dadurch Antagonisten.

● 『인간적인, 너무나 인간적인』

check

□

172

입구와 통로

Eingang und Durchgang

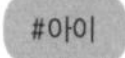 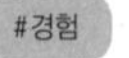 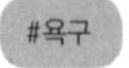 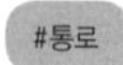

save

▶ 아이들은 어른들과 마찬가지로 경험하고 배우고 도전하는 모든 것을 문으로 본다. 하지만 아이들에게는 입구로 보이는 것이 어른들에게는 지나치는 통로로 보일 뿐이다.

Aber Jenem sind es Zugänge, Diesem immer nur Durchgänge.

● 『인간적인, 너무나 인간적인』

어린아이들은 우리 주변의 사소한 것 하나도 그냥 지나치지 않고, 그것을 통해 재미와 웃음을 발견한다. 이렇듯 아이들은 긍정의 에너지로 가득한 작은 존재다. 니체는 순수함과 호기심으로 가득하고 천진난만한 얼굴을 지닌 아이들이야말로 가장 이상적인 인간상이라고 생각했다. 어른들이 별 관심 없이 무심코 지나치는 통로도 아이들에게는 무언가를 경험할 수 있는 배움의 입구가 되는 것이다. 같은 대상이라 할지라도 그것을 바라보는 시각에 따라 얻을 수 있는 지식도 다르고 경험도 다를 뿐더러 깨닫는 지혜도 각각 다를 것이다. 새롭고 순수한 어린아이의 눈으로 세상을 바라본다면 어떻게 보일까. 그 눈에 비치는 세상은 신기하고 또 신기할 것이며, 아름답고 또 아름다울 것이다. 신기하고 아름다운 세상과 더불어 자연스럽게 따라오는 웃음과 희망은 또 다른 행복을 선사할 것이다.

▶ 니체는 인간이 단계적으로 낙타에서 사자로 변화하고, 그다음에는 어린아이로 도약함으로써 바람직한 인간인 '초인'이 된다고 생각한다. 천진난만한 아이를 인간이 성장할 수 있는 최고 단계로 여긴 것이다.

check

☐

173

존재가 지닌 모순

Widerspruch des Seins

save

#모순 #삶 #프로메테우스 #이중적 본성

▶ 아이스킬로스가 그리는 프로메테우스의 이중적인 본성, 즉 그가 지닌 디오니소스적이며 아폴론적인 본성은 이렇게 표현할 수 있을 것이다. "모든 존재는 정당하고 또한 부당하다. 이는 동시에 옳은 말이다."

"Alles Vorhandene ist gerecht und ungerecht und in beidem gleich berechtigt."

● 『비극의 탄생』

중간에 서라

Steh in der Mitte

#진리 #세계 #중간 #아름다움

▶ 평지에 머무르지 마라!

너무 높이 올라가지도 마라!

세상은 중간에서 볼 때

가장 아름답다.

Am schönsten sieht die Welt

Von halber Höhe aus.

● 『즐거운 학문』

check

□

175

환상과 현실

Vision und Wirklichkeit

save

#현실 #철학 #환상 #쇼펜하우어

▶ 철학적인 인간은 우리가 지금 살아가고 있으며 존재하는 현실조차 사실은 전혀 다른 것일 수 있고, 그렇기에 현실이 환상일 수 있다고 예감한다. 쇼펜하우어는 이렇게 쓰기도 했다. "인류를 포함한 만물이 허상 혹은 꿈이 아닐까 의심할 수 있는 능력을 지닌 사람은 철학적으로 생각할 수 있는 능력을 지닌 사람."이라고 말이다.

Der philosophische Mensch hat sogar das Vorgefühl, dass auch unter dieser Wirklichkeit, in der wir leben und sind, eine zweite ganz andre verborgen liege, dass also auch sie ein Schein sei.

●『비극의 탄생』

check

□

176

올림포스 신의 탄생

Geburt des Olympus

#신화 #그리스 #올림포스 신

save

▶ 그리스인들은 공포와 존재의 두려움을 충분히 알았으며 지각하고 있었다. 그들은 계속해서 살아가기 위해 올림포스의 신이라는 찬란한 꿈의 산물을 내세워야만 했다. 거인 같은 힘을 지닌 자연에 대한 막대한 불신과 무자비하게 모든 지혜 위에 군림하는 운명의 여신, 위대한 박애주의자 프로메테우스를 공격하는 독수리, 너무 많은 것을 알았던 오이디푸스의 끔찍한 운명, 오레스테스가 어머니를 살해하게 만든 아트레우스의 저주.

Um überhaupt leben zu können, musste er vor sie hin die glänzende Traumgeburt der Olympischen stellen.

● 『비극의 탄생』

check

□

177

아폴론과 디오니소스

Apollon und Dionysos

#그리스 #디오니소스 #아폴론 #삶

▶ '거인적'이며 '야만적'인 것. 아폴론을 따르는 그리스인들에게는 디오니소스적인 열광의 결과마저 그렇게 여겨졌다. 하지만 동시에 그들은 내심 스스로가 몰락한 거인, 그리고 영웅들과 밀접하게 연결되어 있음을 숨길 수 없었다. 그래, 그들은 더 많은 것을 자각해야만 했다. 아름답고 절제된 자신의 모든 존재가, 디오니소스적인 것이 다시금 드러낸, 고통과 앎을 가리고 있는 표면에 기초하고 있다는 사실을 알아야 했다. 자, 보라! 아폴론은 디오니소스 없이는 살 수 없었다. '거인적'이며 '야만적'인 것은 아폴론적인 것과 같이 필연적이었다.

Apollo konnte nicht ohne Dionysus leben!

● 『비극의 탄생』

니체는 1872년에 출간한 그의 저서 『비극의 탄생』에서 '아폴론적인 것'과 '디오니소스적인 것'에 대해 언급한 바 있다. 그리스 신화에서 아폴론은 태양의 신이자 이성의 신이며, 디오니소스는 술과 음악, 축제의 신이다. 즉 아폴론적인 것은 질서와 균형과 절제를, 디오니소스적인 것은 자연스럽고 역동적인 에너지인 감성을 뜻한다고 볼 수 있다. 이 두 가지의 상반되는 개념을 통해 니체는 그리스 비극의 본질에 대해 고찰하며 디오니소스적인 것이 살아나야 그리스의 비극도 되살아난다고 설파했다. 몸의 소리를 따르며 디오니소스적인 것을 추구했던 니체의 가치관과 인간의 기본적인 욕구를 부정하며 절제와 이성을 강조하던 당대 그리스도교의 교리가 충돌한 것은 이렇듯 필연적일 수밖에 없는 것이다. 니체는 디오니소스적인 것을 중시하고 추구했지만 아폴론적인 것을 부정하진 않았다. 이 두 가지가 조화와 균형을 이룰 때 비로소 진정한 예술이 탄생된다고 본 것이다. 오늘날 아폴론적인 것과 디오니소스적인 것이라는 개념은 일반적으로 예술의 양식을 구분하고 규정할 때 사용되고 있다. 니체의 말처럼 문학이든 음악이든 이 두 가지 요소가 상호 보완하며 작용할 때 예술의 가치는 더욱 빛날 것이다.

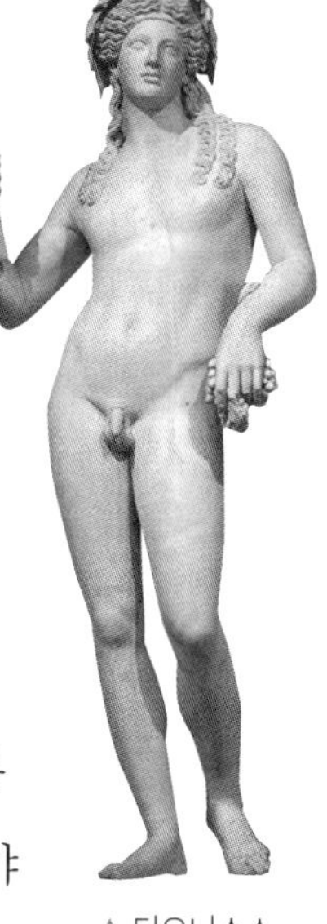
▲ 디오니소스

check

☐

178

진정한 제자

Ein wahrer Lehrling

#스승 #학생 #청출어람 #경계심

save

▶ 늘 학생으로만 남아 있는 사람은 스승의 가르침을 악하게 갚는 것과 다름없다. 대체 왜 나의 월계관을 벗겨 내려 들지 않는 것인가? 당신들은 나를 찬양하지만, 그 마음이 하루아침에 변한다면 어떻게 될 것인가? 당신들이 세운 우상에 깔려 죽지 않도록 경계하라!

Hütet euch, dass euch nicht eine Bildsäule erschlage!

● 『차라투스트라는 이렇게 말했다』

공자와 순자는 일찍이 스승과 제자의 역할에 대해 설파한 적이 있다. 처음에는 스승과 제자의 관계가 상하 위계질서의 관계로 종속되었다면, 수학을 마친 제자는 스승의 그늘에서 독립해 스스로 무언가를 창조해내는 사람, 즉 스승과 제자가 이제 대등한 관계로 나아가거나 스승보다 더 나은 제자가 되는 것이 바람직하다고 본 것이다. 흔히 스승보다 나은 제자를 말할 때 인용되는, "푸른색은 쪽에서 나왔지만 쪽보다 더 푸르다."라는 뜻을 지닌 '청출어람(青出於藍)'이라는 말은 스승과 제자의 관계를 빗댄 순자의 말에서 비롯된 것이다.

니체 역시 이들의 사상에 동조했다. 그 어떤 스승이나 우상도 제자나 대중 위에 군림해서는 안 된다고 본 것이다. 이러한 니체의 태도는 무엇보다 사제 관계의 위계질서를 중시하던 당대의 가치관에 크게 반하는 것이었기에 배척당할 수밖에 없었다. 이것은 니체가 당시 학계나 종교계에서 이단아로 낙인찍힌 이유이기도 하다. 자신보다 나은 사람으로 만들기 위해 제자의 독립을 기꺼이 장려하는 스승, 스승의 가르침을 겸허하게 받아들이며 자신의 것으로 소화해 더 넓은 세상으로 독립해 나아가려는 제자, 이러한 제자가 스승이 되어 양성해낼 또 다른 제자들, 고금을 막론하고 우리 사회는 여전히 선후배의 위계질서가 중시되고 있지만, 위계질서를 넘어 때로는 친구처럼 서로의 앞날을 장려하는 마음이 우선시되는 선순환이 반복되는 새롭고 건강한 사회를 꿈꿔 본다.

니체가 '지혜로운 삶'에 관해 말을 전하다

check
□

❶ 올바른 지적 양심에는 크고 작음이 없다.

❷ 가장 평범한 거짓은 네가 너 자신을 기만하는 것이다.

❸ 더 이상 사랑할 수 없는 곳은 지나쳐 버려야 한다!

❹ 다른 사람에게 좋은 예시를 제시하고 싶을 때는 자신의 덕에 약간의 어리석음을 더해야 한다.

❺ 충분히, 그리고 깊이 사고하는 사람은 얼굴뿐 아니라 몸도 지혜롭게 보인다.

❻ 아이들에게는 입구로 보이는 것이 어른들에게는 지나치는 통로로 보일 뿐이다.

❼ 세상은 중간에서 볼 때 가장 아름답다.

❽ 아폴론은 디오니소스 없이는 살 수 없었다.

❾ 당신들이 세운 우상에 깔려 죽지 않도록 경계하라!

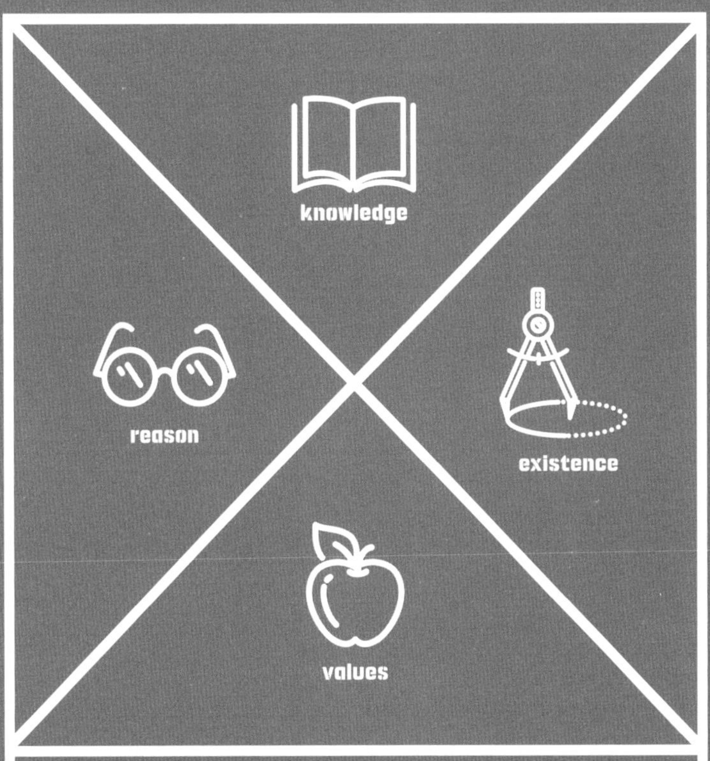

Part 12

니체가 '국가와 종교, 제도'에 관해 말하다

인간의 의지를 부정한다는 이유로 '기독교'라는 체계를 부정한 니체, 지나치게 반유대적인 바그너와 결별하다

#반유대적 #엘리자베스 #유대교 #기독교 #바그너와의 결별

#『차라투스트라는 이렇게 말했다』 #인간의 의지 #수동적 허무주의 #부정의 대상

▶ 니체는 때로 반유대적인 인물로 여겨진다. 니체의 여동생 엘리자베스가 니체의 사상을 짜깁기한 탓도 있지만, 니체가 기독교나 유대교에 대한 부정적 견해를 저서에서 드러냈기 때문이기도 하다. 니체가 유대교에 대해 사상적인 반감을 가지고 있었던 것은 분명해 보인다. 니체는 유대교를 극복하기 위해 기독교가 등장했다기보다는, 유대교와 기독교가 공유하는 '신'에 대한 복종이 기독교로 이어졌다고 보았다. 니체는 인간의 의지를 부정하는 '기독교'라는 체계를 절대적으로 부정하고 싶어했다. 수난의 역사를 통해 '신'에 더욱 의지하게 된 유대교 역시 니체에게는 부정적으로 인식될 수밖에 없었다.

그러나 니체가 유대인의 존재 자체를 부정한 것은 아니다. 실제로 니체가 그렇게나 존경하던 바그너와 결별을 선언한 이유 중 하나는 그가 지나치게 반유대적인 경향을 보였기 때문이었다. 니체는 독일과 독일인에 대해서도 매우 비판적인 태도를 보였다. 애초에 그는 국가라는 체계를 좋아하지도 않았다. 니체는 『차라투스트라는 이렇게 말했다』에서 국가에 대한 비판을 담아내는 데 많은 페이지를 할애한다. 그에 따르면 국가는 "모든 사람이 천천히 자살하는 것을 '삶'이라 부르는 곳"이다. 결국 니체가 부정하고자 한 것은 인간이 스스로의 삶을 살아갈 수 있게끔 만드는 의지를 꺾는 모든 존재였다. 종교든, 국가든, 제도든, 인간의 의지를 꺾어 인간을 수동적 허무주의에 빠지게 하는 것은 무엇이든 니체가 부정하고자 하는 대상에 불과했던 것이다.

▲ 로마 황제인 콘스탄티누스 1세가 325년에 소집한 제1차 니케아 공의회를 그린 이콘. 제1차 니케아 공의회는 교회 역사상 최초의 공의회다. 니체는 기독교적 도덕에 대해 냉소적인 시각을 보낸다.

❶

❷

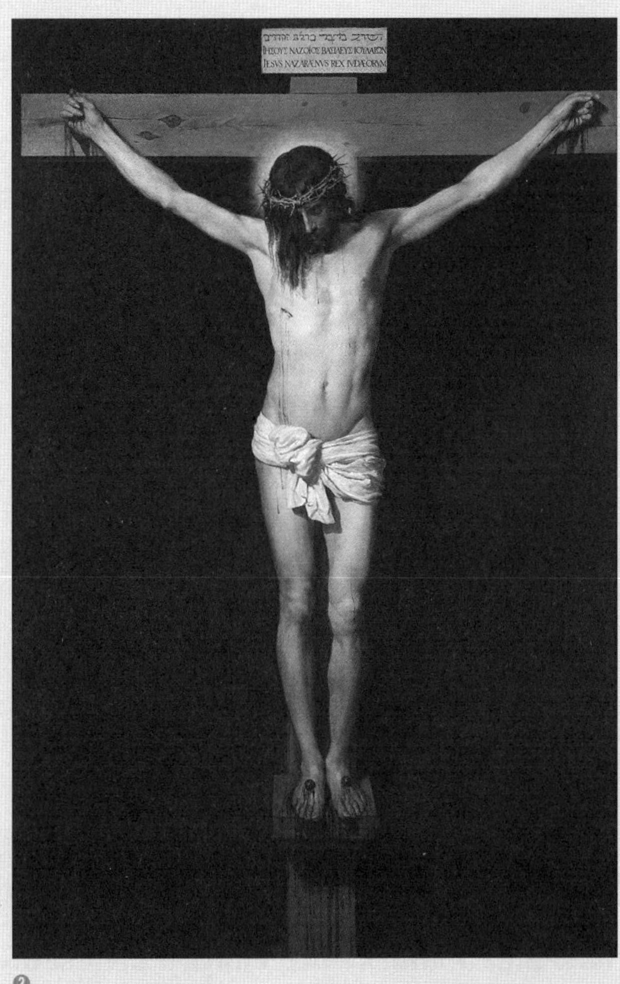

❸

❶ 아르메니아에 있는 코르비랍 수도원. 아르메니아는 최초로 기독교를 국교로 채택한 나라다. ❷ 독일의 화가 루카스 크라나흐가 그린 <율법과 복음>. ❸ 스페인의 화가 디에고 벨라스케스가 그린 <십자가에 못 박힌 그리스도>. 니체는 기독교를 부정하지만, 예수 그리스도의 삶은 긍정적으로 평가하기도 한다.

▶ 언론의 힘은 종사자 개개인이 의무감이나 결속감을 거의 느끼지 않는 데서 나온다. 그들은 보통 자신의 생각을 말한다. 하지만 가끔씩은 자신의 당이나 조국의 정치나 결국 자신이 얻을 이익을 위해 말하지 않기도 한다. 이렇게 사소하고 부정직한 법률 위반 혹은 그저 부정직할 뿐인 과묵함은 개개인의 문제일 경우 감당하기 어렵지 않다. 하지만 많은 사람에 의해 사소한 법률 위반이 동시다발적으로 일어나서 매우 이례적인 결과를 낳게 된다.

● 『인간적인, 너무나 인간적인』

Er sagt für gewöhnlich seine Meinung, aber sagt sie einmal auch nicht, um seiner Partei oder der Politik seines Landes oder endlich sich selbst zu nützen.

▶ 국민들이 하루 전에 날씨를 알려 주는 사람에 대해 내심 그가 날씨를 만드는 사람이라고 생각하듯, 교양 있고 교육받은 사람들 역시 지도자의 재임 기간 동안 일어난 모든 중요한 변화들과 사태들이 지도자 개인의 위업이라는 데에 미신적인 신뢰를 아끼지 않는다. 지도자들이 이 사실을 남들보다 먼저 알았고, 이에 대해 어떤 계산을 했다는 증거만 있다면 말이다. 그러므로 지도자들 역시 날씨를 만드는 사람들이 된다. 이러한 믿음은 그들의 힘에 있어 가장 약한 도구는 아니다.

● 『차라투스트라는 이렇게 말했다』

Sie werden also ebenfalls als Wettermacher genommen — und dieser Glaube ist nicht das geringste Werkzeug ihrer Macht.

check

□

179

신은 죽었다

Gott ist tot

save

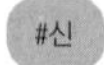 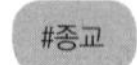 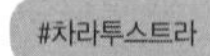

#신 #종교 #차라투스트라

▶ 차라투스트라가 혼자 남았을 때, 그는 마음속으로 말했다.

"어떻게 이럴 수가 있는가! 이 늙은 성자는 그의 산에 있느라 신이 죽었다는 얘기도 듣지 못했구나!"

Dieser alte Heilige hat in seinem Walde noch Nichts davon gehört, dass Gott todt ist!

● 『차라투스트라는 이렇게 말했다』

check

□

180

'광기'는 어디에 있는가

Wo ist der Wahnsinn

#광기 #집단 #민중 #시대

▶ 광기는 개개인에게서는 드물게 나타난다. 하지만 집단이나 당, 민중, 시대에서는 으레 찾아볼 수 있다.

Aber bei Gruppen, Parteien, Völkern, Zeiten die Regel.

●『선악의 저편』

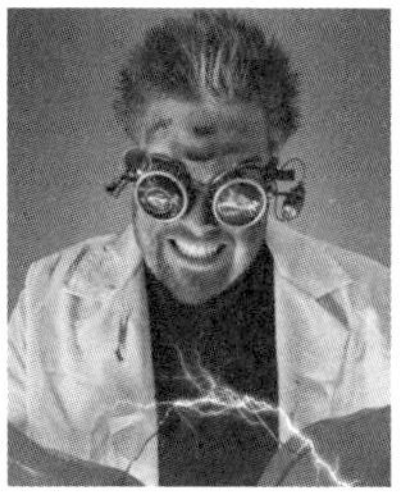

check

□

181

심각한 아둔함

Schwerwiegende Dummheit

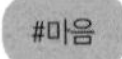 #마음 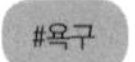 #욕구  #욕구 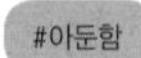 #아둔함

save

▶ 인간의 열정과 욕망을 말살하는 것. 고작 이들의 아둔함과 그로 말미암은 불쾌한 결과를 미리 막기 위해 말살해 버리는 것. 종교의 이러한 행위 자체가 오늘날 우리에게는 심각한 형태의 아둔함으로 보인다. 우리는 더 이상 통증을 느끼지 말라며 이빨을 뽑아 버리는 치과 의사를 존경하지 않는다.

Wir bewundern die Zahnärzte nicht mehr, welche die Zähne ausreissen, damit sie nicht mehr weh thun.

● 『우상의 황혼』

인간의 욕망을 죄악처럼 여기며 억누르고 내세를 지향하는 삶을 추

구하는 기독교적 윤리는, 인간은 억압된 욕구를 충분히 발산해야 하며 지금, 여기 현재의 삶에 충실해야 한다는 니체의 가치관과 명백히 상충되는 것이었다. 기독교적 질서에 반하는 니체의 사상은 당대의 종교인들은 물론 학계에서도 철저히 무시당했지만, 니체는 이 투쟁을 결코 멈추지 않았다. 무엇이든 할 수 있는 무한한 가능성을 지닌 인간의 의지를 '내세를 통한 신의 구원'이라는 이름으로 묵살해 버리는 기독교의 교리는, 온몸으로 부딪치는 열정적인 삶을 지향했던 니체에게 견딜 수 없는 거부감과 경멸감을 주었던 것이다. 니체는 몸의 소리(본능)를 따르는 삶을 지향했지만 그것이 결코 비이성적이고 무절제한 삶을 뜻하는 것은 아니었다. 인간이 분출하는 욕망을 두려워하며 금기시하고 그 욕망을 뿌리째 뽑아내려 애쓰는 한 종교는 아둔하고 어리석은 자들이 신봉하는 그릇된 믿음이 될 뿐이다. 부디 몸과 마음의 소리에 모두 다 귀 기울여야 한다는 건강한 믿음이 우리 사회에 자리 잡기를 소망해 본다.

check
□
182

원인과 결과

Ursache und Resultat

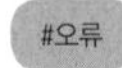
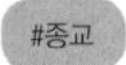

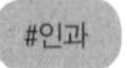
#오류 #종교 #도덕 #인과

save

▶ 결과를 원인과 혼동하는 것만큼 위험한 오류는 없다. 나는 이를 이성의 근원적 타락이라고 부른다. 그럼에도 이 오류는 인류에게 있어 가장 오래되고 가장 새로운 관습이다. 이는 신성한 것으로 취급되기까지 하고, '종교'나 '도덕'의 이름을 지니기도 한다.

Es giebt keinen gefährlicheren Irrthum als die Folge mit der Ursache zu verwechseln.

● 『우상의 황혼』

check

☐

183

언론의 힘

Die Kraft der Presse

#언론 #책임 #법률 위반 #과묵함

save

▶ 언론의 힘은 종사자 개개인이 의무감이나 결속감을 거의 느끼지 않는 데서 나온다. 그들은 보통 자신의 생각을 말한다. 하지만 가끔씩은 자신의 당이나 조국의 정치나 결국 자신이 얻을 이익을 위해 말하지 않기도 한다. 이렇게 사소하고 부정직한 법률 위반 혹은 그저 부정직할 뿐인 과묵함은 개개인의 문제일 경우 감당하기 어렵지 않다. 하지만 많은 사람에 의해 사소한 법률 위반이 동시다발적으로 일어나서 매우 이례적인 결과를 낳게 된다.

Er sagt für gewöhnlich seine Meinung, aber sagt sie einmal auch nicht, um seiner Partei oder der Politik seines Landes oder endlich sich selbst zu nützen.

● 『인간적인, 너무나 인간적인』

check

□

184

날씨를 만드는 자

Jemand, der das Wetter macht

#지도자 #국민 #신뢰

▶ 국민들이 하루 전에 날씨를 알려 주는 사람에 대해 내심 그가 날씨를 만드는 사람이라고 생각하듯, 교양 있고 교육받은 사람들 역시 지도자의 재임 기간 동안 일어난 모든 중요한 변화들과 사태들이 지도자 개인의 위업이라는 데에 미신적인 신뢰를 아끼지 않는다. 지도자들이 이 사실을 남들보다 먼저 알았고, 이에 대해 어떤 계산을 했다는 증거만 있다면 말이다. 그러므로 지도자들 역시 날씨를 만드는 사람들이 된다. 이러한 믿음은 그들의 힘에 있어 가장 약한 도구는 아니다.

Sie werden also ebenfalls als Wettermacher genommen — und dieser Glaube ist nicht das geringste Werkzeug ihrer Macht.

● 『차라투스트라는 이렇게 말했다』

check

□

185

노동의 가치

Wert der Arbeit

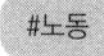
#노동
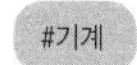
#기계
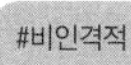
#비인격적
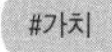
#가치

save

▶ 기계는 비인격적이다. 기계는 노동의 자부심을 앗아 간다. 약간의 인간성과 같은, 기계화되지 않은 모든 노동에 동반되었던 개인적인 장점과 단점을 모두 빼앗는다. (…) 지금 우리는 익명의 몰인격적 노예와 같은 삶을 살고 있는 듯하다. 보다 편리해진 노동에 너무 비싼 값을 치러서는 안 된다.

Man muss die Erleichterung der Arbeit nicht zu theuer kaufen.

● 『인간적인, 너무나 인간적인』

check

□

186

새로운 생각과 옛 제도

Neue Idee und altes System

save

#생각 #새로운 생각 #제도 #전복

▶ 제도가 전복된다고 해서 생각이 곧바로 뒤집어지는 것은 아니다. 오히려 새로운 생각들은 오랜 시간 동안 황폐하고 으스스해진 선조들의 집에서 살아가며, 집이 부족한 상황에서 스스로를 지켜 낸다.

Dem Umsturz der Meinungen folgt der Umsturz der Institutionen nicht sofort nach.

● 『인간적인, 너무나 인간적인』

'온고지신(溫故知新)', '구본신참(舊本新參)'이라는 말을 들어본 적이 있을 것이다. 모두 옛것을 바탕으로 새로운 것을 추구하고 창조하자는 사상이다. 전통 사상을 유지하면서 서양의 기술을 수용하자는 개화사상의 한 형태인 '동도서기론(東道西器論)'과도 상통한다. 절대적인 믿음이 지배하고 있는 사회에서 그 믿음을 새로운 것으로 바꾸며 변형시킨다는 것은 지극히 어려운 일이다. 몇몇 소수의 힘으로는 도저히 불가능한 일인 것이다. 그럼에도 그 변혁의 노력을 멈추지 않는 사람들이 여전히 존재하기에 우리 사회는 변화하고 발전하는 것이리라. 모두가 옳다고 말하는 사회에서 그렇지 않다고 목소리를 내는 사람들은 필연적으로 외로울 수밖에 없다. 그러나 옳다고 믿으며 가시밭길도 기꺼이 걸어가게 만드는 굳건한 신념은 그 외로움마저도 감내할 가치가 있는 것이다. 이 역시 용기 있는 자만이 가능한 일일 것이다. 신념과 용기를 가지고 누구도 선뜻 가지 못했던 외롭고 험난한 항해를 시작했던 고독한 투쟁가 니체가 있었기에 오늘날 우리가 사는 세상이 조금 더 아름다워졌으리라 믿는다.

check

□

187

평범한 학교

Durchschnittliche Schule

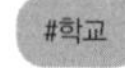
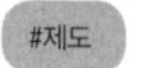
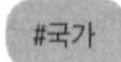

#학교 #제도 #국가

save

▶ 큰 국가들의 학교 제도는 언제나 잘 해 봤자 평범한 정도에 그친다. 마치 큰 부엌에서 평범한 수준의 요리가 만들어지는 것과 같은 연유에서 그렇다.

Das Schulwesen wird in grossen Staaten immer höchstens mittelmässig sein.

● 『인간적인, 너무나 인간적인』

check

□

188

정부가 종교를 필요로 하는 이유

Der Grund, warum die Regierung die Religion braucht

#국가 #종교 #정신적 안정 #만족감

▶ 정부가 미성숙한 대중을 위한 후견인이 되었다는 사실을 알고 종교를 어떻게 할지 고민한다면, 정부는 유지하는 쪽을 고를 것이다. 상실, 결핍, 공포, 불신, 즉 정부가 개개인의 정신적 안정을 위해 무언가를 할 수 없다고 느낄 때 종교가 개개인을 만족시키기 때문이다.

Denn die Religion befriedigt das einzelne Gemüth in Zeiten des Verlustes, der Entbehrung, des Schreckens, des Misstrauens, also da, wo die Regierung sich ausser Stande fühlt, direct Etwas zur Linderung der seelischen Leiden des Privatmannes zu thun.

● 『인간적인, 너무나 인간적인』

check

☐

189

국가가 끝나는 곳

Der Ort, an dem der Staat endet

save

#국가 #국가가 끝나는 곳 #초인 #무지개

▶ 국가가 끝나는 곳은 처음으로 유의미한 인간들이 나타나는 곳이다. 진정으로 필요한 음악, 특별하며 대체 불가능한 선율이 그곳에서 시작된다.

형제들아! 이곳, 즉 국가가 끝나는 곳을 보라! 무지개가, 초인으로 향하는 다리가 보이지 않는가?

Seht ihr ihn nicht, den Regenbogen und die Brücken des Übermenschen?

● 『차라투스트라는 이렇게 말했다』

check

□

198

부패가 자라나는 곳

Der Ort, in der Korruption gedeiht

#부패 #비판 #학술 단체 #원로원

▶ 공적 비판의 날카로운 공기가 미치지 못하는 모든 기관에는 죄 없는 부패가 버섯처럼 자라난다. 학술 단체나 원로원을 예로 들 수 있다.

In allen Instituten, in welche nicht die scharfe Luft der öffentlichen Kritik hineinweht, wächst eine unschuldige Corruption auf, wie ein Pilz.

● 『인간적인, 너무나 인간적인』

check

□

191

국가의 '냉혹한' 거짓말

Eine kaltherzige Lüge des Staats

#국가 #냉혹한 괴물 #거짓말 #국민

▶ 국가는 냉혹한 괴물 중에서도 가장 냉혹한 괴물이다. 괴물은 차갑게 거짓을 말한다. 괴물의 입에서 "나, 즉 국가가 곧 국민이다."라는 거짓말이 흘러나온다.

그것은 거짓말에 불과하다!

Und diese Lüge kriecht aus seinem Munde: "Ich, der Staat, bin das Volk."

● 『차라투스트라는 이렇게 말했다』

check

☐

192

죄와 벌

Sünde und Strafe

#죄 #처벌 #사형 #살인

save

▶ 왜 우리에게 모든 사형은 살인보다 찝찝하게 다가오는 것일까? 재판관의 냉정과 괴로운 준비 과정, 한 인간이 다른 사람들에게 겁을 주기 위한 수단으로 이용된다는 통찰 때문이리라. 왜냐하면 죄를 지었다고 하더라도 죄 자체가 처벌되는 것은 아니기 때문이다. 죄는 교육자, 부모, 그를 둘러싼 환경, 우리 안에 있는 것이지 살인자에게 있지 않다.

Denn die Schuld wird nicht bestraft, selbst wenn es eine gäbe.

● 『인간적인, 너무나 인간적인』

check

□

193

인간이 스스로를 잃는 곳

Der Ort, in dem sich ein Mensch verliert

#국가 #선인 #악인 #삶

▶ 내가 국가라 칭하는 곳은 선인이든 악인이든 모두 독을 마시게 되는 곳이며, 선인이든 악인이든 모두 스스로를 잃게 되는 곳이다. 국가란, 모든 사람이 천천히 자살하는 것을 '삶'이라 부르는 곳이다.

Staat, wo der langsame Selbstmord Aller — 'das Leben' heisst.

● 『차라투스트라는 이렇게 말했다』

니체 사상의 스펙트럼은 매우 넓기에 받아들이는 사람에 따라 다양하게 해석될 수 있다. 사회주의와 민주주의를 비판하고 귀족주의와 노예제도를 긍정한 니체의 사상은 나치즘과 파시즘에 악용되기도

했다. 또한 니체는 국가를 가장 냉혹한 괴물이며 선인이든 악인이든 인간이 스스로를 잃어 가는 곳이라며 혹독하게 비판했다. 이렇듯 니체는 국가를 부정했기에 무정부주의자, 허무주의자라 불리기도 했으나 그의 사상을 좀 더 심오하게 들여다보면 어느 쪽에도 속하지 않는다는 것을 알 수 있다. 어느 하나로 규정할 수 없기에 니체의 사상은 무한한 해석의 가능성이 있으며, 또 그만큼 모순적이면서 난해하기도 하다. 니체는 사회 구조, 즉 국가의 체제는 쉽게 바꿀 수 없기에 인간 스스로가 변해야 한다고 주장했다. 인간사에서 투쟁과 갈등은 불가피한 것이기에 냉혹한 현실을 직시하고 정당하게 경쟁하며 위기와 난관을 극복하는 힘을 길러야 한다는 것이다. 이렇듯 니체가 바라는 세상은 갈등도 다툼도 없는 모두가 꿈꾸는 이상적인 유토피아가 아니었다. 누구보다 현실을 냉철하게 바라보며 어떻게 살아야 하는가에 대한 구체적인 해답을 제시한 현실주의자였던 그의 사상은 오늘날 우리에게 시사하는 바가 크다.

check

☐

194

'계약론'이라는 공상

Eine Illusion namens Vertragstheorie

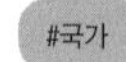

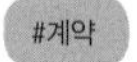

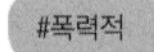

▶ 나는 국가가 '계약'에 의해 시작되었다는 공상은 이미 사라졌다고 생각한다. 명령할 수 있는 사람, 타고나기를 '지배자'로 태어난 사람, 행위나 몸짓을 폭력적으로 드러내는 사람. 이런 이들과 무슨 계약을 할 수 있겠는가!

Ich denke, jene Schwärmerei ist abgethan, welche ihn mit einem 'Vertrage' beginnen liess.

● 『도덕의 계보학』

니체가 '국가와 종교, 제도'에 관해 말을 전하다

check

□

❶ 이 늙은 성자는 그의 산에 있느라 신이 죽었다는 얘기도 듣지 못했구나!

❷ 우리는 더 이상 통증을 느끼지 말라며 이빨을 뽑아 버리는 치과 의사를 존경하지 않는다.

❸ 결과를 원인과 혼동하는 것만큼 위험한 오류는 없다.

❹ 제도가 전복된다고 해서 생각이 곧바로 뒤집어지는 것은 아니다.

❺ 보다 편리해진 노동에 너무 비싼 값을 치러서는 안 된다.

❻ 큰 국가들의 학교 제도는 언제나 잘 해 봤자 평범한 정도에 그친다.

❼ 국가가 끝나는 곳은 처음으로 유의미한 인간들이 나타나는 곳이다.

❽ 공적 비판의 날카로운 공기가 미치지 못하는 모든 기관에는 죄 없는 부패가 버섯처럼 자라난다.

❾ 나는 국가가 '계약'에 의해 시작되었다는 공상은 이미 사라졌다고 생각한다.

❿ 국가란, 모든 사람이 천천히 자살하는 것을 '삶'이라 부르는 곳이다.

Part 13

니체가 '소유와 분배, 정의'에 관해 말하다

생전에는 철저히 무시당한 니체의 사상, 사후에는 유럽 철학에 큰 영향을 끼치며 여러 철학자, 작가 등의 자양분이 되다

#천재성 #『이 사람을 보라』 #니체의 영향력 #하이데거 #데리다 #파이어아벤트 #푸코 #알베르 카뮈 #한나 아렌트 #니체의 사상 #프로이트

니체는 60년이 채 되지 않는 삶 동안 큰 주목을 받지는 못했다. 철학자로서, 사상가로서 니체의 사상을 해석하고 받아들인 후대 사람들이 나타난 후에야 니체의 이름은 비로소 빛을 발하기 시작했다. 그러나 니체는 자신의 사상이 언젠가 인정을 받으리라 생각했다. 그는 자신의 사상과 저서가 지닌 천재성에 대해 분명히 인지하고 있었던 것 같다. 니체는 저서 『이 사람을 보라』를 통해 자신의 저서를 어떻게 읽어야 하는지 소개하고 있는데, 이 책의 소제목은 매우 노골적이다. '나는 왜 이렇게 현명한가', '나는 왜 이렇게 똑똑한가', '나는 왜 이렇게 좋은 책들을 쓰는가'. 니체는 분명히 확신하고 있었다. 자신이 남긴 이 글들이 분명 많은 이들에게 영향을 끼치리라는 사실을 말이다.

실제로, 니체의 사상은 너무나도 많은 이들에게 영향을 끼쳤다. 실존주의 철학자 하이데거(Martin Heidegger), 해체론의 창시자 데리다(Jacques Derrida), 과학철학자 파이어아벤트(Paul Karl Feyerabend),

계보학을 주창한 푸코(Michel Foucault), 정신분석학자 프로이트(Sigmund Freud), 『페스트』를 쓴 알베르 카뮈(Albert Camus), '악의 평범성' 개념을 주창한 한나 아렌트(Hannah Arendt)가 모두 니체의 영향을 받았다. 니체가 제시한 개념과 그의 사상을 통해 후대 연구자들은 삶과 세상을 바라보는 새로운 방식을 찾아냈다. 니체를 긍정적으로 평가하든 부정하든, 이 사실은 변하지 않을 것이다. 니체의 사상은 과학, 문화, 예술 등 우리 삶을 구성하는 모든 곳으로 퍼져나가 사람들의 삶을 만들어내는 자양분이 되었다.

▲ 오스트리아의 심리학자 프로이트는 '정신 분석'의 창시자다. 니체의 영향을 많이 받은 그는 "니체는 최초의 정신 분석학자 가운데 한 명이다."라고 말한다. 루 살로메가 프로이트에게 니체의 사상을 전한다.

❶

❷

❸

❶ 체코의 프리보르에 있는 프로이트 생가. 프로이트는 1856년 오스트리아-헝가리 제국 모라비아의 프라이베르크(현재 체코의 프리보르)에서 태어난다. ❷ 1909년 프로이트가 미국 클라크대학교에 방문했을 때 찍은 사진. 앞줄 왼쪽부터 프로이트, 클라크대학교 총장인 G. 스탠리 홀, 스위스의 심리학자 칼 융이다. ❸ 프랑스의 화가 앙드레 브루이에가 1887년에 그린 <살페트리에르 병원에서의 임상 교육>. 여성에게 최면을 걸고 있는 사람이 프로이트에게 최면술을 알려준 프랑스의 신경과학자 장 샤르코다.

▶ 올바른 사람이 자신에게 해를 끼친 이에게까지 올바른 태도를 보인다면(그러니까 너무 차갑거나 지나치게 적당하거나 냉담하거나 무관심하지 않고 언제나 적극적인 태도를 보인다면). 개인적으로 훼손이나 모욕, 비방을 당한다고 해도 올바른 눈, 그러니까 심판하는 눈이 지닌 고귀하고 맑으면서도 깊이 있고 부드럽게 응시하는 객관성이 흐려지지 않으리라고 진정으로 생각한다면. 이것이야말로 지상의 완성품이자 최고로 탁월한 것이리라.

● 『도덕의 계보학』

So ist das ein Stück Vollendung und höchster Meisterschaft auf Erden.

▶ 공정하지 못한 생각은 가진 것이 없는 사람들의 영혼 속에도 존재한다. 그들은 가진 자들에 비해 더 선하거나 도덕적으로 우월한 존재가 아니다. 언젠가는 그들의 조상도 가진 자였기 때문이다. 새로운 강제적 분배를 주장하기보다는 생각을 점차 바꾸어 나가야 한다. 정의는 모두에게 있어서 더 큰 존재가 되어야 하며, 폭력적인 충동은 약해져야만 한다.

● 『인간적인, 너무나 인간적인』

Die Gerechtigkeit muss in Allen grösser werden, der gewaltthätige Instinct schwächer.

check

□

195

인간의 차이

Unterschied eines Menschen

#가치 #소유 #인간의 차이 #물건 목록

save

▶ 인간의 차이는 그들이 지닌 물건의 목록에서 드러나지 않는다. (…) 오히려 그 차이는 그가 무엇을 진정하고 탁월한 소유로 여기는지에서 나타나게 되어 있다.

Sie zeigt sich noch mehr in dem, was ihnen als wirkliches Haben und Besitzen eines Gutes gilt.

● 『선악의 저편』

check

□

196

소유의 노예

Sklave des Besitzes

save

#소유 #재산 #주인 #노예

▶ 소유는 어느 선까지만 인간을 더 독립적이고 자유롭게 만들 수 있다. 이 선에서 한 발짝만 더 나가면 어떻게 될까? 소유가 주인이 되고 소유한 이는 노예가 된다. 노예는 자신의 시간과 생각을 희생해야 하고, 어떠한 관계를 감수해야만 한다. 또한 한 장소에 못 박히고, 한 국가와 한 몸이 되었다고 느낀다.

Der Besitz wird zum Herrn, der Besitzer zum Sclaven.

● 『인간적인, 너무나 인간적인』

check

□

197

완전히 배울 수 없는 것

Was man nicht vollständig erlernen kann

#타인 #정의 #공정한 생각 #고통

▶ 우리는 옛 시대를 깊이 관찰할 때, 부당한 비난을 퍼붓지 않도록 주의해야 한다. 노예 제도의 불공평함이나 개인과 민족을 정복할 때의 잔인성은 지금 우리의 기준으로는 잴 수가 없다. 그 당시에는 공정한 생각을 가질 수 있는 본능이 제대로 발달하지 못했기 때문이다. (…) 이제 우리는 다른 사람이 고통받는다는 사실을 배워야 한다. 이는 결코 완전히 배울 수 없는 것이다.

Dass der Andere leidet, ist zu lernen: und völlig kann es nie gelernt werden.

● 『인간적인, 너무나 인간적인』

옳고 그름을 판단하는 기준과 가치관은 시대에 따라 변하기도 한다. 당시에는 옳다고 믿었던 것들이 지금에 와서는 현저히 비도덕적이고 비인간적인 것으로 비춰질 수도 있다는 것이다. 인간에게 등급을 매겨 양인과 천인으로 나눴던 양천제(良賤制), 그것에서 비롯된 노예제, 그리고 남성 우월주의가 반영된 일부다처제, 뿌리 깊은 가부장제 등이 그러하다. 역으로, 요즘 우리 사회에 만연한 페미니즘이나 성소수자들의 권리를 찾는 풍조는 불과 얼마 전까지만 해도 들리지 않았던, 작은 소리조차 낼 수 없는 것들이었다. 남성 중심의 이데올로기에서 벗어나 여성들이 자신의 주체성을 되찾고자, 이성애주의만 옳다고 보는 사회에서 성소수자들이 자신의 권리를 찾고자 용기를 낸 움직임인 것이다. 강자가 지배하고 다수의 생각이 옳다고 믿는 사회에서 약자와 소수자들의 소외감과 그로 인한 고통은 필연적일 수밖에 없을 것이다. 누구도 겪어보지 않는 한, 고통의 당사자가 아닌 한 다른 사람들의 고통을 완전히 이해할 수는 없다. 그러나 타인을 이해하기 위한 노력이라는 시도만으로도 세상은 조금 더 따뜻해질 수 있다. 이러한 노력이 바로 사랑인 것이다. 우리는 이해라는 것을 완벽히 배울 수 없을지라도, 또 누군가를 온전히 이해할 수 없을지라도 사랑할 수 있다.

check

□

198

유토피아

Utopia

#사회 질서 #노동 #궁핍 #고통

save

▶ 더 나은 사회 질서 안에서 삶의 힘겨운 노동과 궁핍은 이로부터 가장 적은 고통을 느끼는 사람, 즉 가장 무딘 사람에게 주어질 것이다.

In einer besseren Ordnung der Gesellschaft wird die schwere Arbeit und Noth des Lebens Dem zuzumessen sein, welcher am wenigsten durch sie leidet, also dem Stumpfesten.

● 『인간적인, 너무나 인간적인』

우리는 누구나 행복한 삶을 꿈꾼다. 행복의 기준은 저마다 다르겠지만, 갈등과 다툼이 없는 모두에게 평등한 사회는 다수가 바라는 이상향일 것이다. 그러나 니체가 바라는 이상적인 사회는 다르다. 니체

는 인간이 사는 사회에서 갈등과 투쟁은 결코 피할 수 없는 것이며 모두가 원하는 평등은 존재할 수 없다고 말했다. 귀족주의와 노예제를 긍정했다는 점에서 니체의 사상은 나치즘과 파시즘에 악용되기도 했지만, 그의 사상의 본질은 결코 거기에 있는 것이 아니다. 니체는 사회 구조는 쉽게 바꿀 수 없기에 인간 스스로가 변화를 모색해야 하며, 현실을 냉정하게 직시하고 끊임없이 노력하는 인간상을 제시함과 동시에 원하는 것은 정당한 경쟁을 통해 성취해야 한다고 주장했다. 이렇듯 니체의 사상은 완전한 사회주의도 민주주의도 아니기에 모순점이 드러나기도 하지만, 형이상학적이고 관념적인 유토피아가 아닌 보다 현실적인 이상향을 꿈꾸고 실현 가능한 해결책을 제시했기에 그 의의가 있다. 누구보다 예민한 촉수를 지니고 당대의 현실을 예리하게 감지했던 니체는 현실을 외면하고 현실에 무딘 사람을 가장 비겁하다고 여기며 경멸했을 것이다.

check

□

199

지상에서 가장 완벽한 것

Das perfekteste auf der Erde

#올바른 태도 #심판 #객관성 #지상의 완성품

▶ 올바른 사람이 자신에게 해를 끼친 이에게까지 올바른 태도를 보인다면(그러니까 너무 차갑거나 지나치게 적당하거나 냉담하거나 무관심하지 않고 언제나 적극적인 태도를 보인다면). 개인적으로 훼손이나 모욕, 비방을 당한다고 해도 올바른 눈, 그러니까 심판하는 눈이 지닌 고귀하고 맑으면서도 깊이 있고 부드럽게 응시하는 객관성이 흐려지지 않으리라고 진정으로 생각한다면. 이것이야말로 지상의 완성품이자 최고로 탁월한 것이리라.

So ist das ein Stück Vollendung und höchster Meisterschaft auf Erden.

● 『도덕의 계보학』

자신에게 해를 끼친 사람까지 끌어안는, 이른바 "나는 너희에게 이르노니 너희 원수를 사랑하며 너희를 핍박하는 자를 위하여 기도하라(마태복음 5장 44절)."라는 말을 실천할 수 있는 사람은 분명 인간이 도달할 수 있는 최고의 경지에 이른 사람일 것이다. 그러나 우리는 거의 모두가 평범한 보통 사람이기에 그 경지에 이르는 것은 너무도 힘든 일일 것이다. 모든 사람이 나를 좋아할 수는 없다. 누군가에게는 너무도 사랑스러운 존재가 또 다른 이에게는 철천지원수가 될 수도 있는 것이 사람 사는 세상이다. 그렇다면 우리는 나라는 존재를 싫어하는 사람을 어떻게 받아들여야 할까. 내가 받은 만큼, 혹은 그 이상으로 되갚아 주는 사람, 그냥 무시해 버리는 사람, 나를 흔드는 이에게 휘둘리지 않고 내 갈 길을 가는 사람 등 여러 유형이 있을 것이다. 물론 니체의 말처럼 포용과 관용을 넘어선 지상 최고의 완벽함인 올바른 눈, 고귀하고 맑은 객관적인 시각으로 원수(?)를 바라보는 사람도 있겠지만. 어느 것이 옳다고 단언할 수는 없지만 멀리 바라보며 누군가의 미움과 증오 앞에서도 흔들리지 않는 굳세고 결연한 의지를 지닌 사람이 보다 많아졌으면 하는 바람이다.

check

□

288

어떻게 나눌 것인가

Wie teilt man

save

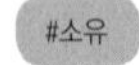

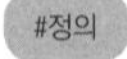

#소유 #배분 #정의 #폭력적 충동

▶ 공정하지 못한 생각은 가진 것이 없는 사람들의 영혼 속에도 존재한다. 그들은 가진 자들에 비해 더 선하거나 도덕적으로 우월한 존재가 아니다. 언젠가는 그들의 조상도 가진 자였기 때문이다. 새로운 강제적 분배를 주장하기보다는 생각을 점차 바꾸어 나가야 한다. 정의는 모두에게 있어서 더 큰 존재가 되어야 하며, 폭력적인 충동은 약해져야만 한다.

Die Gerechtigkeit muss in Allen grösser werden, der gewaltthätige Instinct schwächer.

● 『인간적인, 너무나 인간적인』

check

☐

201

서로 다른 생각 1

Unterschiedliche Gedanken 1

#부자 #빈자 #빈자의 착각 #선악

save

▶ 부자가 빈자의 소유물(이를테면 영주가 평민의 연인)을 빼앗는다면 빈자는 어떤 착각을 하게 된다. 빈자는 부자가 매우 악랄한 사람이 틀림없다고 믿을 것이다. 자신이 가진 아주 적은 것까지 빼앗았으니 말이다. 하지만 부자는 그가 가진 것의 가치를 하나하나 깊게 따지지 않는다. 왜냐하면 부자는 너무 많은 것을 가지는 데 이미 익숙하기 때문이다. 그는 빈자의 심정에 공감할 줄 모르고, 빈자가 믿는 것만큼 악한 행동을 저지르는 것이 아니다. 양쪽 모두 서로에 대해 잘못된 표상을 지니고 있는 것이다.

Beide haben von einander eine falsche Vorstellung.

● 『인간적인, 너무나 인간적인』

check

□

282

서로 다른 생각 2

Unterschiedliche Gedanken 2

save

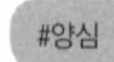 #양심 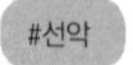 #선악 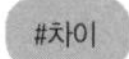 #차이 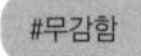 #무감함

▶ 우리는 우리와 다른 존재 사이의 차이가 너무 클 경우, 어떤 양심의 가책도 없이 모기 한 마리를 죽이는 것처럼 잘못된 행위에 대해 아무것도 느끼지 못한다.

Wir Alle sogar empfinden, wenn der Unterschied zwischen uns und einem andern Wesen sehr gross ist, gar Nichts mehr von Unrecht und tödten eine Mücke zum Beispiel ohne jeden Gewissensbiss.

● 『인간적인, 너무나 인간적인』

check

□

283

서로 다른 생각 3

Unterschiedliche Gedanken 3

#고통 #공감 #재판관 #저널리스트

save

▶ 그 어떤 잔혹한 자도 학대당한 자가 믿는 것처럼 잔인하지 않다. 고통에 대해 상상하는 것은 실제로 고통당하는 아픔과 같지 않다. (…) 공정하지 못한 재판관, 자그마한 부정직함으로 말미암아 대중의 생각을 잘못된 방향으로 이끌어 가는 저널리스트도 이와 같다.

Die Vorstellung des Schmerzes ist nicht das Selbe wie das Leiden desselben.

● 『인간적인, 너무나 인간적인』

니체가 '소유와 분배, 정의'에 관해 말을 전하다

check

❶ 인간의 차이는 그들이 지닌 물건의 목록에서 드러나지 않는다.

❷ 소유가 주인이 되고 소유한 이는 노예가 된다.

❸ 정의는 모두에게 있어서 더 큰 존재가 되어야 하며, 폭력적인 충동은 약해져야만 한다.

❹ 이제 우리는 다른 사람이 고통받는다는 사실을 배워야 한다.

❺ 우리는 우리와 다른 존재 사이의 차이가 너무 클 경우, 어떤 양심의 가책도 없이 모기 한 마리를 죽이는 것처럼 잘못된 행위에 대해 아무것도 느끼지 못한다.

❻ 고통에 대해 상상하는 것은 실제로 고통당하는 아픔과 같지 않다.

Part 14

니체가 '자연으로부터 얻는 진리'에 관해 말하다

니체 사상의 정수가 집약되어 있고 많은 사람들에게 영감을 불어넣는 『차라투스트라는 이렇게 말했다』

#니체의 가장 유명한 작품 #『차라투스트라는 이렇게 말했다』 #은둔생활 #초인 #차라투스트라 #니체 후기 사상 #〈2001 스페이스 오디세이〉 #슈트라우스 #몰락

▶ 『차라투스트라는 이렇게 말했다』는 제목만 따지면 니체의 저서 중 가장 유명한 작품이라 할 수 있다. 니체는 1883년 『차라투스트라는 이렇게 말했다』 1부를 발표했으며, 2부와 3부를 이어 출간한 후 4부는 개인적으로 공개했다. 이 책이 부담스럽게 느껴질 정도로 방대한 분량을 지닌 것은 이렇듯 총 4권으로 출간됐기 때문이다. '차라투스트라'라는 존재 자체에 대한 고민과 해석, 수많은 등장인물과 묘사, 난해하고 문학적인 비유는 이 책을 이해하기 어렵게 한다. 제목은 들어봤어도 읽기 망설여진다는 이들도 많을 것이다. 그러나 니체의 후기 사상이 집대성되어 있는 이 책이 많은 이들에게 영감을 준 것은 분명하다. 영화 〈2001 스페이스 오디세이〉에 사용돼 깊은 인상을 남긴 슈트라우스의 교향시에는 아예 '차라투스트라는 이렇게 말했다'라는 제목이 붙어 있지 않은가.

이 책은 어떤 내용을 담고 있을까? 차라투스트라는 서른 살에 고향을 떠난다. 산에서 10년 동안 은둔하며 지혜를 깨친 차라투스트라는 인간들에게 자신의 생각을 전한다. 차라투스트라는 "나는 너희에게 초인을 가르칠 것"이며, "인간이란 넘어서야 할 무언가"라고 말한다. 또 차라투스트라는 '몰락'에 대해서도 이야기한다. 그에 따르면 "인간은 짐승과 초인 사이에 놓인 밧줄, 즉 심연 위에 걸린 밧줄"이고 "건너가는 존재이며 몰락하는 존재"다. '몰락'이라는 것은 차라투스트라의 삶과도 일맥상통하는 부분이 있다. '초인'은 그저 넘어가는 존재일 뿐 아니라, 다른 이들에게 '초인'을 전하기 위해 내려올 수도 있는 존재다. 차라투스트라는 인간에게 인간을 가르친다. 차라투스트라의 삶을 따라 가다 보면 스스로를 찾아내는 실마리가 보일 것이다.

Also
sprach Zarathustra.

Ein Buch
für
Alle und Keinen.
Von
Friedrich Nietzsche.

Chemnitz 1883.
Verlag von Ernst Schmeitzner.

▲『차라투스트라는 이렇게 말했다』 초판본 제목 페이지. 『차라투스트라는 이렇게 말했다』는 서양에서 『성경』 다음으로 많이 읽히는 유명한 작품이다. 니체의 후기 사상이 집대성된 역작이다.

Nietzsche-Stein

▲ 스위스 엥가딘에 있는 실바플라나 호수. 니체는 알프스의 대자연 속에서 잠시나마 몸과 마음의 고통을 잊는다. 니체는 하루 중 반나절 정도를 알프스에서 산책하는 데 보낸다. 산책하러 갈 때는 항상 노트와 연필을 가지고 나간다. 그는 산책 도중 무언가가 떠오르면 바로 멈춰 노트에 생각을 적는다.

◀ 실바플라나 호숫가에 있는 일명 '니체 바위(또는 차라투스트라 바위)'. 니체는 1881년 8월의 어느 날, 실바플라나 호수 옆 숲길을 산책하다가 우뚝 솟은 큰 바위 앞에서 갑자기 멈춰 선다. 그는 이 바위가 어떻게 여기에 놓였는지에 관해 생각하다가 '영원회귀' 사상을 떠올린다. 이렇게 해서 그의 역작인 『차라투스트라는 이렇게 말했다』가 탄생한다.

▶ 그 어떤 대하(大河)도 스스로 불어나거나 풍부해지지 않는다. 많은 지류가 흐르고 모여 대하를 이루는 법이다. 모든 정신의 위대함도 이와 같다. 오로지 중요한 것은 다른 지류들이 따라가야 할 방향을 제시하는 한 사람이다.

● 『우상의 황혼』

NurdaraufkommtesandassEinerdieRichtungangiebtwelcherdannsovieleZuflüssefolgenmüssen

▶ 타조는 가장 빠른 말보다 더 빠르게 달린다. 하지만 타조는 여전히 머리를 무거운 땅에 무겁게 처박고 있다. 날지 않는 인간 역시 이와 같다.
그에게는 땅과 삶이 무거움으로 다가온다. 중력의 영(靈)은 이를 원한다! 하지만 가벼워지고 싶은 자, 새가 되고 싶은 자는 스스로를 사랑해야만 한다. 나는 이렇게 가르친다.

● 『차라투스트라는 이렇게 말했다』

Wer aber leicht werden will und ein Vogel, der muss sich selber lieben.

check

□

284

물결의 의지

Der Wille der Welle

#의지 #자유 #폭포 #필연적

▶ 우리는 폭포를 바라볼 때, 헤아릴 수 없이 굴절되며 꿈틀거리고 부서지는 물결을 통해 의지가 자유롭고 의향대로 움직이는 모습을 바라보고 있다고 믿는다. 하지만 이 모든 것은 필연적이고, 모든 운동은 수학적으로 계산된다. 인간의 행동들도 이와 같다.

Aber Alles ist nothwendig, jede Bewegung mathematisch auszurechnen.

● 『인간적인, 너무나 인간적인』

check

□

205

중력을 거스르고

Gegen die Schwerkraft

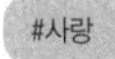

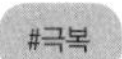

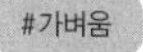

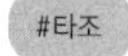

▶ 타조는 가장 빠른 말보다 더 빠르게 달린다. 하지만 타조는 여전히 머리를 무거운 땅에 무겁게 처박고 있다. 날지 않는 인간 역시 이와 같다.

그에게는 땅과 삶이 무거움으로 다가온다. 중력의 영(靈)은 이를 원한다! 하지만 가벼워지고 싶은 자, 새가 되고 싶은 자는 스스로를 사랑해야만 한다. 나는 이렇게 가르친다.

Wer aber leicht werden will und ein Vogel, der muss sich selber lieben.

● 『차라투스트라는 이렇게 말했다』

check

□

206

올바른 방향

Richtige Richtung

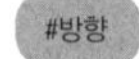

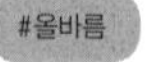

#정신의 위대함

save

▶ 그 어떤 대하(大河)도 스스로 불어나거나 풍부해지지 않는다. 많은 지류가 흐르고 모여 대하를 이루는 법이다. 모든 정신의 위대함도 이와 같다. 오로지 중요한 것은 다른 지류들이 따라가야 할 방향을 제시하는 한 사람이다.

NurdaraufkommtesandassEinerdieRichtungangiebtwelcher dannsovieleZuflüssefolgenmüssen

● 『우상의 황혼』

인생이 나아가야 할 올바른 방향을 제시해줄 스승, 멘토(mentor)가 있는가. 꼭 자신보다 연장자가 아니더라도, 더 많이 배운 사람이 아니더라도 우리에게 영향을 미치는 사람이라면 누구나 자신의 멘토가 될 수 있다. 배우고자 하는 의지, 멘티(mentee)로서의 자세만 확실히 갖춰져 있다

면 세 살배기 어린아이한테서도 배울 점이 있는 것이다. 늘 낮은 자세, 겸허한 마음으로 모든 것을 대한다면 사소한 것 하나에서도, 혹은 나를 비난하는 사람들 속에서도 배울 수 있다. 우리는 수많은 사람들 속에서 그들과 관계를 맺고 살아가야 하기에 필연적으로 더불어 살아갈 수밖에 없다. 그러므로 나에게 선한 영향력을 주는 것들은 그대로 받아들이고 악한 영향을 미치는 것들 역시 타산지석, 반면교사로 삼아 불순물을 걷어내고 좋은 영향력으로 만들어야 하는 것이다. 끊임없는 시행착오, 시련과 고난, 도전의 연속인 우리의 인생에서 좀 더 나은 길을 제시해주는 누군가가, 혹은 무언가가 있다면 그 인생은 분명 풍요로워질 것이다. 멘토와 멘티가 선순환하며 서로가 서로에게 힘이 되어주는 세상을 소망해본다.

check

□

207

탁월한 사람의 행동

Das Verhalten des überlegenen Menschen

#침착 #행동 #폭포 #탁월한 사람

▶ 폭포가 천천히 또는 가볍게 떨어져 내리는 것과 같이, 탁월한 사람의 행동은 기대로 말미암은 강렬한 욕구보다 훨씬 침착하고 평온하기 마련이다.

Wie ein Wasserfall im Sturz langsamer und schwebender wird, so pflegt der große Mensch der That mit mehr Ruhe zu handeln, als seine stürmische Begierde vor der That es erwarten ließ.

● 『인간적인, 너무나 인간적인』

우리는 자연을 통해 많은 것을 배우고 느낀다. 그러한 점에서 자연은 그 어떤 것보다 위대한 스승이다. 길가의 좁은 틈을 비집고 자라나 결국에는 꽃을 피워내는 민들레, 거센 비바람에 꺾이고 부러져도 이듬해 다시 자라나는 나무들, 이러한 자연의 강인한 생명력을 통해 우리는 새삼 자연의 위대함과 영험함을 느낀다. 봄맞이를 하며 꼼지락거리는 새싹들, 여름에 더욱 열정적으로 짙어지는 녹음, 주렁주렁 싱그럽고 탐스러운 열매를 맺는 수확의 계절 가을, 모든 걸 내려놓고 잠시 쉬어가는 겨울, 그러면서도 또다시 봄을 위한 준비를 하며 조금씩 움트는 싹눈, 이렇듯 자연은 쉼 없이 분주하게 움직이지만 결코 소란스럽지 않다. 봄이 가면 여름이, 또 가을과 겨울이 오며 순환되는 계절이 지극히 자연스러운 건 바로 이 때문이리라. 매 순간에 충실하며 역동적인 삶을 살아가되 침착함과 평온함을 잃지 않는 것, 이것이 바로 우리가 자연에게서 배워야 할 모습인 것이다.

check □

208

침묵하라

Schwrig

save

#침묵  #고요 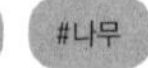 #나무 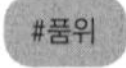 #품위

▶ 품위를 아는 숲과 바위는 당신과 함께 침묵한다. 당신이 사랑하는 저 떡 벌어진 나무를, 조용히 바다에 귀 기울이는 저 나무를 닮아야 한다.

Würdig wissen Wald und Fels mit dir zu schweigen.

● 『차라투스트라는 이렇게 말했다』

"빈 수레가 요란하다."라는 옛 속담이 있다. 여기에서 요란한 빈 수레만큼 위험한 것은 없다. 무언가에 대해서 어설프게 아는 사람들은 자신이 가지고 있는 지식을 다른 사람에게 과시하고 싶어서 쉬지 않고 계속 떠들어댄다. 이렇듯 경망한 사람의 수다스러움과 가벼운 언행은 그것을 보고 듣는 사람에게 부정적인 인상을 심어줄 수밖에 없다. "입은 닫고 귀를 열라."라는 말처럼 우리는 다른 사람과 대화할 때 최대한 상대방의 말에 귀를 기울이고, 자신이 하고자 하는 말은 최대한 아끼는 습관을 들이는 것이 필요하다. 앞서 제시된 잠언에서 니체는 침묵의 중요성에 대해 언급한 바 있다. 이는 필요한 말조차 삼가야 하는 무조건적인 침묵을 뜻하는 것이 아니다. 니체는 말을 조심하는 것이 중요하고, 절제 안에 담긴 미덕에 대해 설파한 것이다. 내면에 빛을 품고 있는 사람은 그것을 굳이 드러내려 애쓰지 않아도 스스로 빛나는 법이다. 숲과 바위, 그리고 나무처럼 모든 위대한 자연은 절대 소란스럽지 않다. 이런 자연을 본받아 존재 자체만으로도 기품이 느껴지는 사람이 되고 싶다. 그런 사람을 만나 오래도록 곁에 두고 싶다.

▶ 니체는 『차라투스트라는 이렇게 말했다』에서 차라투스트라를 통해 '가장 영리한 침묵'이 무엇인지 보여 준다. 또한 침묵의 중요성을 언급하면서 말조심과 절제의 미덕을 강조한다.

check

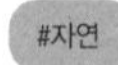

289

'자연'이라는 작품

Ein Werk namens Natur

#자연 #담백한 이해 #예단은 금물

▶ 자연이라는 작품이 말하고자 하는 것을 담백하게 이해해야 한다. 그것에서 이중적인 의미를 찾아내려고 해서는 안 되며, 특히 예단은 금물이다.

Aber nicht einen doppelten Sinn zu wittern, ja vorauszusetzen.

● 『인간적인, 너무나 인간적인』

니체가 '자연으로부터 얻는 진리'에 관해 말을 전하다

check

❶ 폭포가 천천히 또는 가볍게 떨어져 내리는 것과 같이, 탁월한 사람의 행동은 기대로 말미암은 강렬한 욕구보다 훨씬 침착하고 평온하기 마련이다.

❷ 오로지 중요한 것은 다른 지류들이 따라가야 할 방향을 제시하는 한 사람이다.

❸ 하지만 가벼워지고 싶은 자, 새가 되고 싶은 자는 스스로를 사랑해야만 한다.

❹ 품위를 아는 숲과 바위는 당신과 함께 침묵한다.

❺ 자연이라는 작품이 말하고자 하는 것을 담백하게 이해해야 한다.

Part 15

니체가 '진리를 탐구하는 방법'에 관해 말하다

많은 오해와 엄청난 파급력 사이에서 '모순적'이라는 비난을 감수하면서 막대한 영향을 끼친 '니체의 사상'

#니체에 대한 오해 #니체의 사상 #나치 #전체주의자 #무정부주의자 #모순적 #포스트모더니즘 #가치체계 #수동적 허무주의 #가치

▶ 니체는 많은 오해에 둘러싸인 사상가 중 한 명이다. 몇 가지 이유가 있겠지만, 가장 근본적인 이유는 니체의 사상이 너무나도 많은 곳에 영향을 끼쳤다는 사실에 있지 않을까. 앞서 몇 차례 언급한 바와 같이 니체 사상은 단순히 한 분야의 위대한 업적이라고 볼 수 없다. 그의 영향은 무한히 많은 사람과 생각들로 이어졌다. 그렇기에 나치와 같은 전체주의자를 합리화하는 수단으로 사용된 니체의 사상은, 동시에 무정부주의자들에게 사상적 토대를 제공하기도 했다. 니체의 사상은 이런 점에서 '모순적'이라는 비난에 휩싸이기도 한다.

니체는 기존의 가치체계를 부정하고, 이를 넘어서는 인간상을 제시한 사상가다. 니체의 이러한 사상은 '유일한 진리'라는 존재를 부정하는 포스트모더니즘에 막대한 영향을 끼쳤다. 니체가 말하는 '진리'는 그 자체로 변하지 않을 수 없는 존재다. 만약 그렇다고 한다면, 니체 스스로가 하는 말 역시 가변적인 것이라고 할 수 있지 않을까? 니체의 말만이 무조건적인 '진리'요 '가치'라고 생각하고 이를 맹목적으로 따른다면, 역설적으로 니체가 말하는 '진리'와는 멀어져 버리는 게 아닐까? 니체의 말이 새로운 절대적 가치체계가 되어 버린다면, 이 역시 니체가 비판했던 '수동적 허무주의'에 빠져 버리는 꼴이 될 수 있다. 결국, 무엇이 진정한 가치이고 진리인지는 니체조차 가르쳐 주지 않는다. 그럼에도 니체의 말을 따라 '진리'로 향하는 길을 더듬어 나갈 수 있을 것이다.

▲ 1862년 18세 때 니체의 모습. 니체는 1862년부터 만성 정신 장애를 앓기 시작한다. 특히 이 해 8월에 극심한 두통을 겪은 니체는 감정이 자주 오르내림을 느낀다. 이때부터 니체는 각종 질병에 시달린다.

▲ 스위스 실스마리아에 있는 니체의 집. 니체는 1881년 7월에 알프스 고원 지대인 실스마리아를 발견한다. 이곳에서 구원을 느낀 니체는 1883년부터 1888년까지 여름철을 실스마리아에서 보낸다. 그는 이곳에서 『차라투스트라는 이렇게 말했다』, 『도덕의 계보학』, 『우상의 황혼』 등을 집필한다.

▶ 나는 줄사다리로 여러 창문을 기어오르는 법을 배웠다. 재빠른 다리로 높은 돛대에 올랐다. 깨달음의 높은 돛대에 앉는 것은 전혀 사소하지 않은 지극한 행복처럼 느껴졌다. (…) 나는 많은 길과 방법을 통해 나의 진리에 닿았다. 나의 눈이 머나먼 곳을 둘러볼 수 있는 이 높은 곳에 단 하나의 사다리만 타고 오르지는 않았다.

● 『차라투스트라는 이렇게 말했다』

Nicht auf Einer Leiter stieg ich zur Höhe, wo mein Auge in meine Ferne schweift

▶ 젊은 사람들은 진실이든 거짓이든 신경 쓰지 않고 오로지 흥미롭고 독특한 것을 사랑한다. 조금 더 성숙한 사람은 진리가 지닌 흥미롭고 독특한 부분을 사랑한다. 그리고 성숙한 두뇌는 단순하며 수수해 평범한 사람들이 보기에는 지루할 진리마저 사랑한다. 그들은 진리가, 자신이 지닌 가장 높은 수준의 정신에 대해 수수한 얼굴로 말한다는 사실을 알기 때문이다.

● 『인간적인, 너무나 인간적인』

Ausgereifte Köpfe endlich lieben die Wahrheit auch in Dem, wo sie schlicht und einfältig erscheint und dem gewöhnlichen Menschen Langeweile macht.

check

□

210

깨달음

Die Erkenntnis

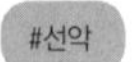
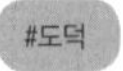
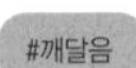

save

▶ "깨달음의 나무가 있는 곳마다 천국이 있다." 가장 오래된 뱀과 가장 어린 뱀은 모두 이렇게 말한다.

"Wo der Baum der Erkenntniss steht, ist immer das Paradies."

● 『선악의 저편』

check

□

211

'진리'로 향하는 길

Weg zur Wahrheit

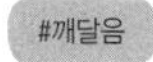

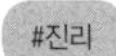

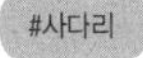

#지극한 행복

▶ 나는 줄사다리로 여러 창문을 기어오르는 법을 배웠다. 재빠른 다리로 높은 돛대에 올랐다. 깨달음의 높은 돛대에 앉는 것은 전혀 사소하지 않은 지극한 행복처럼 느껴졌다. (…) 나는 많은 길과 방법을 통해 나의 진리에 닿았다. 나의 눈이 머나먼 곳을 둘러볼 수 있는 이 높은 곳에 단 하나의 사다리만 타고 오르지는 않았다.

Nicht auf Einer Leiter stieg ich zur Höhe, wo mein Auge in meine Ferne schweift

● 『차라투스트라는 이렇게 말했다』

check

☐

212

진리, 그리고 자유

save

#진리 #정신 #자유

▶ 지금까지 오래도록 자유정신은 없었다. 그들이 여전히 진리를 믿고 있는 까닭에. (…) "진리는 없다. 모든 것이 가능하다." 자, 이제 이것이 정신의 자유다.

"Nichts ist wahr, Alles ist erlaubt."

● 『도덕의 계보학』

check

□

213

한 마리의 양

Ein Schaf

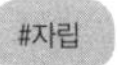

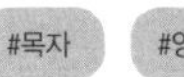

#양

save

▶ 목자는 언제나 무리를 이끌 양 한 마리가 필요하다. 그 한 마리의 양이 없다면, 때로 그는 스스로 그 양이 되어야 한다.

Ein Hirt hat immer auch noch einen Leithammel nöthig, — oder er muss selbst gelegentlich Hammel sein.

● 『선악의 저편』

check

□

214

경험해야 안다

Erfahren, um zu wissen

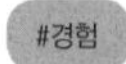

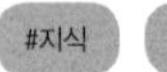

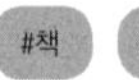

#입구

save

▶ 결국 책을 포함한 어떤 것들을 통해 자신이 이미 알고 있는 것보다 많은 것을 알아들을 수 있는 사람은 아무도 없다. 경험을 통해 입구를 찾지 못했다면, 이를 들을 귀도 없는 것이다.

Zuletzt kann Niemand aus den Dingen, die Bücher eingerechnet, mehr heraushören, als er bereits weiss.

● 『우상의 황혼』

아는 만큼 보이고 들린다는 사실은 누구도 부정할 수 없을 것이다. 같은 대상을 보더라도 보는 사람의 지식과 경험에 따라 다르게 느껴지고 받아들여지는 것이다. 직접 경험이 힘들 땐 책이나 영화, 각종 미디어 매체 등을 통한 간접 경험도 가능하다. 물론 이러한 것들은 현장에서 직접 몸으로 부딪치며 얻게 된 경험과는 분명 차이가 있을 것이다. 니체는 몸으로 부딪치며 사는 인생을 추구했다. 더 높이, 더 멀리 나아가기 위해서는 거센 바람도 두려워하지 말고 당당히 맞서야 한다는 것이다. 이렇게 몸으로 체득한 경험은 쉽게 잊히지 않고 그 어떤 경험보다 귀하고 값진 것으로 남아 있을 것이다. 때로는 넘어지고 부딪쳐 깨질지라도 다치고 부서진 그 자리에 새로운 희망의 꽃을 피워낼 의지와 힘이 있다면, 미지의 세계를 향한 발걸음은 두렵기보다는 설렘으로 다가올 것이다.

check

□

215

소박한 진리

Schlichte Wahrheit

save

#진리 #성숙한 두뇌 #사랑 #순수함

▶ 젊은 사람들은 진실이든 거짓이든 신경 쓰지 않고 오로지 흥미롭고 독특한 것을 사랑한다. 조금 더 성숙한 사람은 진리가 지닌 흥미롭고 독특한 부분을 사랑한다. 그리고 성숙한 두뇌는 단순하며 수수해 평범한 사람들이 보기에는 지루할 진리마저 사랑한다. 그들은 진리가, 자신이 지닌 가장 높은 수준의 정신에 대해 수수한 얼굴로 말한다는 사실을 알기 때문이다.

Ausgereifte Köpfe endlich lieben die Wahrheit auch in Dem, wo sie schlicht und einfältig erscheint und dem gewöhnlichen Menschen Langeweile macht.

● 『인간적인, 너무나 인간적인』

check

☐

216

탄생의 기원

Ursprung der Geburt

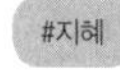
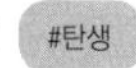
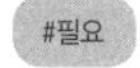

save

▶ 필요는 탄생의 원인으로 여겨진다. 실제로는 이미 탄생한 것의 결과일 뿐일 때가 많다.

In Wahrheit ist es oft nur eine Wirkung des Entstandenen.

● 『즐거운 학문』

check

□

217

배움의 기쁨

Die Freude am Lernen

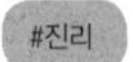
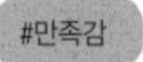
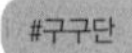
#학문 #진리 #만족감 #구구단

save

▶ 학문은 이를 연구하고 탐구하는 자들에게는 많은 만족을 준다. 하지만 그 결과를 배우는 자들은 매우 적은 만족만을 얻을 뿐이다. 그렇지만 모든 중요한 학문적 진리는 점점 일상적이며 흔해 빠진 것이 될 수밖에 없기에 적은 만족마저 자취를 감추게 된다. 감탄스러운 구구단 역시 일단 배운 후에는 더 이상 우리를 기쁘게 하지 않는 것처럼 말이다.

Da allmählich aber alle wichtigen Wahrheiten der Wissenschaft alltäglich und gemein werden müssen, so hört auch dieses wenige Vergnügen auf.

● 『인간적인, 너무나 인간적인』

check

□

218

지혜를 막 받아들인 사람

Ein Mensch, der die Weisheit maßlos annimmt

#지혜 #철학 #법 #재판관

▶ 철학자의 지혜를 막 받아들인 사람은 자신이 변화했다고 생각하며, 위대한 인물이라도 된 듯한 기분으로 거리를 활보한다. 이제 그들의 눈에 보이는 것은 그 지혜를 알지 못하는 이들 뿐이고, 그래서 그들은 만물에 대해 새로운 결정을 내려야만 하기 때문이다. 그들은 법을 아는 까닭에 이제 마치 재판관이 된 것처럼 행동해야 한다고 믿는다.

Weil man ein Gesetzbuch anerkennt, meint man jetzt auch sich als Richter gebärden zu müssen.

● 『인간적인, 너무나 인간적인』

check □

219

승리를 위한 지식

Die Wahrheit, um zu siegen

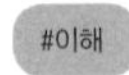

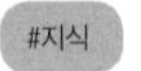

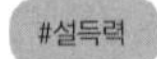

save

▶ 얼치기 지식은 완전한 지식보다 승리를 거두기 쉽다. 그것은 사물을 실제보다 간단해 보이게끔 한다. 그래서 그러한 의견은 더욱 이해하기 쉬워지고 설득력을 지니게 된다.

Das Halbwissen ist siegreicher, als das Ganzwissen.

● 『인간적인, 너무나 인간적인』

check

□

220

어떻게 평가하는가

Wie kann man das bewerten

save

#사상가 #판단 #평가 #광천

▶ 솟구쳐 나오는 광천이 있고, 흘러나오는 광천이 있으며, 조금씩 새어 나오는 광천이 있다. 사상가 역시 이러한 세 유형으로 나눌 수 있다. 일반인들은 물의 양을 보고 이들을 평가하곤 한다. 하지만 전문가들은 광천에 담긴 물이 아닌 것들을 보고 평가한다.

Es giebt strömende, fliessende, tröpfelnde Mineralquellen.

● 『인간적인, 너무나 인간적인』

check

□

221

진리의 대리인

Der Stellvertreter der Wahrheit

#진리 #진리의 대리인 #철학 #고루함

▶ 진리의 대리인을 찾기 가장 어려운 때는 언제인가. 진리를 말하는 것이 위험할 때가 아니라 고루할 때다.

Nicht wenn es gefährlich ist, die Wahrheit zu sagen, findet sie am seltensten Vertreter, sondern wenn es langweilig ist.

● 『인간적인, 너무나 인간적인』

check

□

222

어떤 믿음

Vertrauen

#학문 #믿음 #진리 #수학

save

▶ 모든 학문은 '현실에는 그런 것이 반드시 존재한다.'는 믿음을 통해 생겨난 것이다. 수학 역시 마찬가지다. 만일 처음부터 자연에 완벽한 직선이나 진짜 원, 절대적인 치수라는 게 존재하지 않는다는 사실을 누군가 알았더라면 수학은 생기지도 않았을 것이다.

Ebenso steht es mit der Mathematik, welche gewiss nicht entstanden wäre, wenn man von Anfang an gewusst hätte, dass es in der Natur keine exact gerade Linie, keinen wirklichen Kreis, kein absolutes Grössenmaass gebe.

● 『인간적인, 너무나 인간적인』

check

□

223

'진정한 가치'를 알아보는 자

Jemand, der den wahren Wert erkennt

#진리 #가치 #뛰어난 사람 #생각

▶ 남들보다 뛰어난 사람이 귀중하게 여기는 어떤 생각은 무지한 자들이 비웃고 조롱한다 해도 그 자신에게는 숨겨진 보물 창고의 열쇠와 같다. 하지만 이 생각은 무지한 자들에게는 그저 고철 덩어리에 불과하다.

Der eine Gedanke, auf den ein bedeutender Mensch, zum Gelächter und Spott der Unbedeutenden, grossen Werth legt, ist für ihn ein Schlüssel zu verborgenen Schatzkammern, für jene nicht mehr, als ein Stück alten Eisens.

● 『인간적인, 너무나 인간적인』

다른 사람들의 시선이나 평가를 두려워하지 않고 그것으로부터 자유로울 수 있는 사람은 얼마나 될까. 우리는 모두 타인에게 인정받고 싶은 욕구를 지닌 인간이기에 타인의 시선에서 누구도 완전히 자유로울 수 없을 것이다. 더불어 사는 사회이기에 어쩌면 당연한 일일지도 모른다. 문제는 지나치게 의식할 때 발생한다. 흔히 SNS라 불리는 소셜 미디어에 전시된 사람들의 일상은 늘 여유롭고 호화로워 보인다. 그 세상에서는 모두가 아름답고 행복해 보이기에 누군가는 상대적인 박탈감마저 느끼기도 한다. 물론 이러한 미디어 매체를 잘만 활용한다면 사업가에게는 시대에 걸맞은 마케팅 수단이 될 수도, 개인에게는 자기 홍보나 계발의 수단이 될 수도 있으니 소셜 미디어를 무조건 불필요하다고 단언할 수는 없을 것이다. 때로는 무모하다며 비웃음을 당해도, 무엇을 하든 확고한 신념을 가지고 계획을 세워 실천하며 타인의 시선이나 생각에 휘둘리지 않고 나의 길을 꿋꿋하게 가는 사람은 진정한 현자(賢者)일 것이다. 세상에 정답이 없듯이 미련이 남지 않는 완벽한 선택은 없을 것이다. 다만 주어진 상황에서 내가 한 선택이 최대한 덜 후회되도록, 그 선택을 기필코 옳은 것으로 만드는 길이 있을 뿐이다.

check

☐

224

얕은 지식이 주는 만족

Zufriedenheit durch oberflächliches Wissen

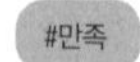
#만족
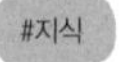
#지식
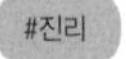
#진리
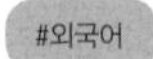
#외국어

▶ 외국어를 조금만 할 줄 아는 사람은 외국어를 잘하는 사람보다 더 즐거워한다. 만족이란 얕은 지식을 지닌 사람에게 주어지는 법이다.

Das Vergnügen ist bei den Halbwissenden.

● 『인간적인, 너무나 인간적인』

check

☐

225

진실한 것과 잘못된 것

Wahres und Falsches

save

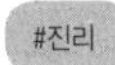 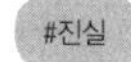 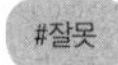

▶ 이 진실한 것은 겸손하고 수수하며 싱거운 데다가 낙담한 듯 보이지만, 저 잘못된 것은 아름답고 화려하며 황홀할뿐더러 다른 사람을 행복하게 만들 수도 있다.

So bescheiden, schlicht, nüchtern, ja scheinbar entmutigend stehen diese, so schön, prunkend, berauschend, ja vielleicht beseligend stehen jene da.

● 『인간적인, 너무나 인간적인』

check

□

226

내가 사랑한 진리

Eine Wahrheit, die ich liebe

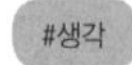
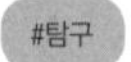
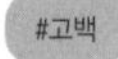
#생각 #탐구 #고백

save

▶ 주저하는 마음으로 고백하자면, 나는 북쪽에서, 소름 끼칠 정도로 늙은 한 여인을 사랑했었다. '진리.' 그것이 늙은 여인의 이름이었다…….

'Die Wahrheit' hiess dies alte Weib.......

● 『즐거운 학문』

니체가 '진리를 탐구하는 방법'에 관해 말을 전하다

check
□

❶ 나의 눈이 머나먼 곳을 둘러볼 수 있는 이 높은 곳에 단 하나의 사다리만 타고 오르지는 않았다.

❷ 결국 책을 포함한 어떤 것들을 통해 자신이 이미 알고 있는 것보다 많은 것을 알아들을 수 있는 사람은 아무도 없다.

❸ 성숙한 두뇌는 단순하며 수수해 평범한 사람들이 보기에는 지루할 진리마저 사랑한다.

❹ 모든 중요한 학문적 진리는 점점 일상적이며 흔해 빠진 것이 될 수밖에 없기에 적은 만족마저 자취를 감추게 된다.

❺ 얼치기 지식은 완전한 지식보다 승리를 거두기 쉽다.

❻ 남들보다 뛰어난 사람이 귀중하게 여기는 어떤 생각은 무지한 자들이 비웃고 조롱한다 해도 그 자신에게는 숨겨진 보물 창고의 열쇠와 같다.

❼ 만족이란 얕은 지식을 지닌 사람에게 주어지는 법이다.

❽ 우리는 반작용으로부터 진보를 이룩해 왔다.